새 연세한국어 듣기와 읽기 2-1

연세대학교 한국어학당 편

연세대학교 출판문화원

머리말

연세대학교 한국어학당은 1959년에 설립된 한국 최초의 외국어로서의 한국어 교육 기관이다. 연세대학교 한국어학당은 그간의 역사와 명성에 걸맞게 다양한 한국어 교재 편찬 및 관련 연구를 해옴으로써 한국어 교육을 선도해 왔다. 지금까지 전 세계에서 온 약 150여 개국의 17만여 명에 이르는 한국어 학습자에게 한국어와 한국 문화를 가르쳐 왔으며, 최근에는 빠른 속도로 변화해 가는 교육 환경에 맞추어 오프라인 한국어 교육뿐만 아니라 온라인 한국어 교육 콘텐츠 개발에도 노력을 기울이고 있다. 이미 세계 각국의 한국어 학습자를 대상으로 글로벌 온라인 대중 공개 강좌(MOOC)를 개설하여 학습자들로부터 큰 호응을 얻었고 연세대학교 온라인 교육 혁신 플랫폼인 런어스(LearnUs)에도 최신 기술을 활용한 한국어 콘텐츠를 올려서 학습자들을 만나는 중이다.

연세대학교 한국어학당은 그간 일반 목적 한국어 학습자들뿐만 아니라 특수 목적 한국어 학습자들을 대상으로 정규과정, 단기과정, 대학 한국어 과정 등 다양한 교육과정을 개설 운영하면서 학습자의 요구에 부응하는 최상의 교재를 개발해 왔다. 이러한 교재들은 국내외의 한국어 교육 기관에서 교사와 학습자들의 다양한 요구를 충족시키며 양질의 한국어 교수·학습을 위해 널리 사용되고 있다.

연세대학교 한국어학당은 그간 가장 큰 호응을 받아 왔던 '연세한국어' 1급~6급의 뒤를 이을 새로운 교재로 '새 연세한국어' 시리즈를 기획 출간하게 되었다. 이 교재의 개발을 위해 한국어 교육 현장 경험이 풍부한 전문 한국어 교육학자 및 교사들이 대거 투입되었고 최상의 한국어 교수법 및 학습자 집단의 요구에 대한 이해를 바탕으로 개발 작업이 장기간에 걸쳐 수행되었다.

이번에 출간된 '새 연세한국어' 시리즈는 총 6단계로 각 단계마다 어휘와 문법 교재, 말하기와 쓰기 교재, 듣기와 읽기 교재로 구성되어 있다. '새 연세한국어 어휘와 문법'은 한국어 학습자들이 각 숙달도별로 가장 필수적으로 익혀야 하는 주요 어휘와 문법에 대한 이해와 활용을 중심으로 구성되었다. '새 연세한국어 말하기와 쓰기'는 원활한 한국어 의사소통을 위해 꼭 필요한 표현 기능을 수행할 수 있도록 말하기, 쓰기 과제를 중심으로 구성되었다. 또한 '새 연세한국어 듣기와 읽기'는 듣기, 읽기 과제를 중심으로 각 급별 숙달도에 적절한 이해 능력을 함양시킬 수 있도록 구성되었다. 이 세 권의 교재는 어휘·문법, 표현, 이해 능력의 고른 발달을 위해 패키지로 함께 사용될 수도 있고, 교육 현장 여건이나 학습자의 요구에 따라 별도로 사용될 수도 있다. 또한 어휘와 문법 교재의 경우 별도의 지침서가 무료로 제공되므로 교육 경험이 다소 부족한 국내외의 한국어 교사들에게 유용한 길잡이가 될 수 있을 것이다.

연세대학교 한국어학당은 앞으로도 전 세계의 한국어 학습자들의 요구와 기대에 부응하는 교재 개발을 위해 최선을 다할 것이다. 아울러 본 교재가 국내외에서 한국어 교육을 위해 노력을 아끼지 않는 많은 교사와 한국어 학습을 위해 노력하는 모든 학습자들에게 크게 도움이 되기를 바란다.

연세대학교 언어연구교육원
한국어학당 교재편찬위원회

일러두기

01 이 책은 <새 연세한국어 어휘와 문법2>, <새 연세한국어 말하기와 쓰기2>와 함께 한국어 초급 학습자들을 위한 교재이다.

02 이 책은 한국어 초급 학습자들이 한국어로 된 글과 말을 읽거나 듣고 이해할 수 있는 능력을 키우기 위해 구성된 이해 능력 개발 교재이다.

03 이 책은 총 20과이며 각 과는 2개 항으로 구성되어 총 40개 항이 있다. 그리고 2개 과마다 복습을 할 수 있도록 복습 10개 항을 구성하였다. 각 항은 각각 50분 수업 분량으로 이 책은 총 50개 항으로 구성되어 있다. 복습 항마다 한국 문화에 대한 소개가 있다.

04 이 책의 각 항은 '제목, 학습 목표, 준비해 봅시다, 들어 봅시다, 읽어 봅시다, 따라해 봅시다. 정리해 봅시다'의 5단계로 구성되었다.

05 각 과의 제목은 <새 연세한국어 어휘와 문법 2>와 동일하나 각 항의 제목은 해당 항의 내용을 대표할 수 있는 개념으로 항의 제목을 설정하였다. 또한 제목 옆에 QR코드를 넣어 녹음된 내용을 쉽게 확인할 수 있도록 하였다.

06 학습 목표는 '-을 이해할 수 있다', 또는 ' ~ 관련 내용을 이해할 수 있다'와 같이 이해 기능이 드러나도록 기술하였다.

07 '준비해 봅시다'는 각 항의 들어가기에 해당되며 해당 단원의 읽기와 듣기 내용의 이해를 돕기 위한 준비 단계이다. 단원 학습 내용과 관련된 필수적인 어휘 학습으로 구성된다. 그러나 단순 어휘 학습이 아니라 이해 교재의 특성이 잘 반영될 수 있도록 문장이나 맥락 안에서 사용된 어휘를 접하도록 하여 학습자들의 이해를 돕고자 하였다.

08 '들어 봅시다'는 구어를 통해 실생활에서 활용 가능한 의사소통 능력을 배양할 수 있도록 하였다. 듣기 지문의 경우 문장 단위에서 시작하여 대화, 그리고 담화로 듣기 단위를 순차적으로 확대하여 제시하였으며 짧은 것에서 긴 것으로, 쉬운 것에서 어려운 것으로 단계를 구분하여 제시하였다.

09 '읽어 봅시다'는 초급 단계의 학습 목표에 따라 일상생활에서의 문어 의사소통 능력을 향상시키는 데 초점을 두어 일상생활과 관련된 내용을 담고 있는 다양한 유형의 글(메모, 일기, 이메일, 광고, 초대장, 블로그나 인터넷 게시판의 글 등)을 읽고 내용을 파악하도록 하였다.

10 '따라해 봅시다'는 발음 연습을 위한 부분으로 교재의 읽기 지문이나 듣기 지문에 제시된 어휘 중에 음운 변화가 포함되거나 학습자의 오류율이 높은 발음을 단원별로 선정하여 동일한 규칙을 포함한 어휘를 제시하였고 이 어휘가 포함된 문장도 함께 제시하였다.

11 '정리해 봅시다'는 학습한 내용을 학습자 스스로 확인 및 점검을 하면서 다른 언어 능력과의 통합 교육을 통해 언어 능력을 강화하고자 설정한 부분이다. 이 부분에서는 듣기와 읽기로 학습한 내용을 말하기 또는 쓰기 활동과 통합할 수 있도록 구성하였다.

12 '복습'에서는 선행 학습된 2개 과의 어휘와 문법, 내용을 활용할 수 있도록 읽기와 듣기의 두 부분으로 구성되었다. 각 항에서 배운 내용을 감안하여 듣기나 읽기 중 한 기능에 초점을 두고 다른 한 기능을 연계시켜 통합적인 학습이 가능하도록 유도하였다.

13 '문화'는 복습 항 마지막 부분에 문화 텍스트가 삽화 자료와 함께 제시된다. 문화 항목 중 이해 교재의 특성에 부합하는 내용을 선정하여 정보 문화 중심으로 구성하였다.

14 '부록'에는 정답과 어휘 색인 목록을 제시하였으며, 별책에 읽기 번역과 듣기 지문 및 번역을 함께 실었다.

단원 구성

과	제목	학습 목표	문법	문화(복습항)
1과 인사와 소개	1. 안부 인사	안부를 묻고 대답하는 내용을 이해할 수 있다.	-게[1], -어지다	호칭
	2. 소개	직장과 전공을 소개하는 내용을 이해할 수 있다.	-은 지, -으려고	
2과 친구와 가족	1. 내 친구	친구를 묘사하고 소개하는 내용을 이해할 수 있다.	-네요, -겠다[2]	
	2. 가족과 친척 모임	가족 및 친척 소개와 가족 모임의 내용을 이해할 수 있다.	-을 때, 의	
3과 고향	1. 친구의 고향	고향의 위치와 환경을 설명하는 내용을 이해할 수 있다.	-만에, -어 보다[1]	한국인의 집
	2. 아름다운 내 고향	고향의 자연 환경과 생활 모습을 묘사하는 내용을 이해할 수 있다.	-기 때문에, -는데[2]	
4과 집	1. 이사	이사를 준비하고 집을 찾는 내용을 이해할 수 있다.	-었으면 좋겠다, -어야겠다	
	2. 내가 사는 집	집안일과 내가 살고 있는 집을 소개하는 내용을 이해할 수 있다.	-는 중이다, -나요?	
5과 음식	1. 음식 소개	음식을 먹는 방법을 소개하는 내용을 이해할 수 있다.	-어 보다[2], -는데[3]	광장 시장
	2. 음식 재료와 요리	음식 재료와 요리법을 설명하는 내용을 이해할 수 있다.	-은 적이 있다, 에다가	

과	제목	학습 목표	문법	문화(복습항)
6과 시장	1. 편의점	쇼핑 장소를 소개하는 내용을 이해할 수 있다.	-을까요?[3], -을 거예요[2]	광장 시장
	2. 인터넷 쇼핑몰	쇼핑 장소를 추천하는 내용을 이해할 수 있다.	-는데[4], -어 하다	
7과 쇼핑	1. 사고 싶은 물건	물건을 사는 상황과 사고 싶은 물건을 묘사하는 내용을 이해할 수 있다.	-어도 되다, -으면 안 되다	집들이 선물
	2. 물건 소개	산 물건을 소개하고 팔고 싶은 물건을 묘사하는 내용을 이해할 수 있다.	ㅎ동사, 얼마나 -는지 모르다	
8과 초대	1. 모임 초대	모임을 소개하고 초대하는 내용을 이해할 수 있다.	-어, -을까 하다	집들이 선물
	2. 집들이 선물	선물 준비와 집들이에 관련된 내용을 이해할 수 있다.	-어 가지고, -지 마	
9과 약속	1. 약속 시간과 장소 정하기	만남이나 모임을 위해 친구와 약속하는 내용을 이해할 수 있다.	-는다, -니?, -을게요	인기 약속 장소
	2. 약속 바꾸기	약속을 바꾸거나 취소하는 내용을 이해할 수 있다.	-어라, -자, -게 되다	
10과 부탁	1. 친구에게 부탁하기	개인적으로 부탁하고 부탁 받는 내용을 이해할 수 있다.	-을래요?, -었다가[1]	
	2. 사무실에서 부탁하기	모르는 사람에게 부탁하거나 공공 기관에서 부탁하는 내용을 이해할 수 있다.	-습니다만, -는지 알다	

차례

등장인물 | Main characters

에릭 파커
- 미국
- 한국어학당 학생
- 한국 전자 직원

존 카마우
- 케냐
- 한국어학당 학생
- 교환 학생

사토 유키
- 일본
- 한국어학당 학생
- 기자

리타오
- 중국
- 한국어학당 학생
- 대학 입학 예정자

노라 한슨
- 노르웨이
- 한국어학당 학생
- 대학원 입학 예정자

최주앙
- 브라질
- 한국어학당 학생
- 대학 휴학생

응웬 흐엉
- 베트남
- 한국어학당 학생

레오 마르탱
- 프랑스
- 한국어학당 학생
- 요리사

올리비아 스미스
- 호주
- 한국어학당 학생
- 외교관

이윤아
- 한국
- 대학생

정하늘
- 한국
- 대학생

김우진
- 한국
- 한국 전자 직원

새 연세한국어

듣기와 읽기 2-1

01 1과 인사와 소개

1. 안부 인사

MP3 / 01

• 학습 목표: 안부를 묻고 대답하는 내용을 이해할 수 있다.

Ⅰ. 준비해 봅시다

어디에서 일을 합니까? 일하는 곳을 연결하십시오.

1) 

저는
KBC 뉴스 기자
한석호입니다.

2) 

저는 박미경인데요,
여행 잡지를 만들어요.

3) 

저는 외국에 물건을
파는 일을 합니다.

4) 

반갑습니다.
저는 비행기
스튜어디스예요.

❶ 잡지사

❷ 방송국

❸ 항공사

❹ 무역 회사

Ⅱ. 들어 봅시다

1 한국에서 어떻게 지냅니까? 문장을 듣고 알맞은 그림을 고르십시오.

1) ( ) 2) ( ) 3) ( ) 4) ( )

❶

❷

❸

❹

잡지사 방송국 항공사 무역 회사 스튜어디스 지내다

2 이 사람의 한국 생활은 어떻습니까? 이야기를 듣고 맞는 그림에 ✔하십시오.

( )

( )

( )

( )

( )

( )

( )

( )

[3-4] 대화를 듣고 질문에 답하십시오.

3 알맞은 그림을 연결하십시오.

1)  •　　　　• ① 

2)  •　　　　• ② 

4 맞으면 O, 틀리면 X 하십시오.

1) 노라 씨는 지난주부터 중국어를 공부합니다. ( )

2) 노라 씨는 중국어에 익숙해졌습니다. ( )

처음　즐겁다　열심히　익숙하다　건강하다　곧

[5-7] 대화를 듣고 질문에 답하십시오.

5 대화를 듣고 이름과 알맞은 그림을 연결하십시오.

1) 주앙 · 2) 에릭 · 3) 올리비아

① 

② 

③ 

6 맞는 것을 고르십시오. (　　)

① 에릭 씨는 회사원입니다.

② 세 사람은 같이 부산에 여행을 갔습니다.

③ 주앙 씨는 부산에 있는 여행사에서 일합니다.

④ 올리비아 씨는 연휴에 학교에서 공부했습니다.

7 주앙 씨는 여행을 하고 무엇이 좋아졌습니까?

__________, __________

III. 읽어 봅시다

최수지 선생님께

선생님 안녕하세요? 저 흐엉이에요. 오랜만에 인사드려요. 그동안 안녕하셨어요? 계속 바쁘게 지내세요?

저는 고향에서 즐겁게 지내고 있어요. 가족들과 맛있는 고향 음식도 먹고 친구들과 같이 여행도 다녔어요.

한국은 많이 추워졌지요? 다음 달에 한국에 돌아가야 하는데 날씨가 걱정이에요. 그리고 한국말도 걱정이에요. 방학 동안 고향에서 한국말을 공부하지 않아서 많이 잊어버렸어요. 그래도 한국에 돌아갈 생각을 하면 기분이 좋아져요. 선생님과 친구들을 만나서 다시 재미있게 한국어를 공부하고 싶어요.

그럼 다음 달에 학교에서 만나서 다시 인사드릴게요. 그때까지 안녕히 계세요.

2019. 12. 10

흐엉 올림

연휴　다녀오다　오랜만　다니다　걱정　잊어버리다

1 이 글은 어떤 글입니까? (　　)

❶ 일기　　❷ 편지　　❸ 메모　　❹ 문자 메시지

2 맞는 것을 고르십시오. (　　)

❶ 이 글은 흐엉 씨가 읽을 겁니다.
❷ 흐엉 씨는 지금 한국에 있습니다.
❸ 흐엉 씨는 다음 달에 학교로 돌아갈 겁니다.
❹ 흐엉 씨는 방학 동안 한국말을 열심히 공부했습니다.

3 다음 중 고향에 있는 흐엉과 어울리는 말을 모두 찾아 ○표 하십시오.

바빠요	즐거워요	추워요
여행해요	한국어를 공부해요	가족을 만나요
학교에 다녀요	선생님을 만나요	맛있는 음식을 먹어요

Ⅳ. 따라해 봅시다

<모음1>	/ㅏ/	/ㅓ/	/ㅗ/	/ㅜ/	/ㅡ/	/ㅣ/
	바빠요	걱정	공부	운동	그럼	기분

- 요즘 **공부할** 것이 많아서 **바빠요.**
- 건강이 **걱정되면 운동을** 하세요.
- 산책합시다. **그럼 기분이** 좋아질 거예요.

Ⅴ. 정리해 봅시다

1. 여러분은 요즘 어떻게 지내십니까?
2. 친구와 오랜만에 만났습니다. 어떻게 인사합니까?

글　일기　편지　메모

01 1과

인사와 소개

2. 소개

MP3 / 02

• 학습 목표: 직장과 전공을 소개하는 내용을 이해할 수 있다.

Ⅰ. 준비해 봅시다

이 사람들은 무엇을 전공했을까요? 알맞은 것과 연결하십시오.

1) 

저는 한국어를 가르쳐요. • • ❶ 의학

2) 

저는 아픈 환자를 보면 도와주고 싶어요. • • ❷ 경제학

3) 

저는 은행에서 일한 지 3년 됐어요. • • ❸ 국어 국문학

4) 
저는 별 보는 걸 좋아합니다. • • ❹ 천문 우주학

Ⅱ. 들어 봅시다

1 문장을 듣고 맞는 그림에 ✔하십시오.

1)

❶ (　　　)

❷ (　　　)

2)

❶ (　　　)

❷ (　　　)

3)

❶ (　　　)

❷ (　　　)

4)

❶ (　　　)

❷ (　　　)

의학　경제학　국어 국문학　천문 우주학　돕다　별　고등학교　졸업하다

2 이야기를 듣고 순서대로 쓰십시오.

❶ 한국에 왔어요. ❷ 한국 드라마를 봤어요.
❸ 고등학교를 졸업했어요. ❹ 한국어 공부를 시작했어요.

(　　) → (　　) → (　　) → (　　)

[3-4] 대화를 듣고 질문에 답하십시오.

3 대화를 듣고 표에 쓰십시오.

	전공	일하고 싶은 곳
존		
하늘		

4 맞으면 ○, 틀리면 X 하십시오.

1) 두 사람은 대학교를 졸업했습니다. (　　)
2) 두 사람은 직업을 바꾸려고 합니다. (　　)

[5-7] 대화를 듣고 질문에 답하십시오.

5 두 사람에게 알맞은 단어를 찾아 연결하십시오.

1)  •

2)  •

• ❶ 무역 회사
• ❷ 방송국
• ❸ 한국어학당
• ❹ 경영학
• ❺ 신문 방송학

신문 방송학　전공　컴퓨터 공학　교수　경영학　멋있다

6 맞는 것을 고르십시오. (　　)

❶ 알렉스 씨는 한국 방송국에서 일합니다.
❷ 알렉스 씨는 한국어를 여섯 달 동안 공부했습니다.
❸ 미선 씨의 회사는 미국에 있어서 미국에 자주 갑니다.
❹ 미선 씨는 알렉스 씨와 경영학을 공부하고 싶어 합니다.

7 맞으면 O, 틀리면 X 하십시오.

1) 알렉스 씨와 미선 씨는 친구입니다. (　　)
2) 두 사람은 회사 일을 하려고 만났습니다. (　　)

III. 읽어 봅시다

한국대학교

자기 소개서

[전공 및 학습 계획]

저는 독일 베를린 대학교에서 아시아학을 전공했습니다. 고등학교 때 한국 친구와 중국 친구를 만난 후에 아시아 문화에 관심이 생겨서 아시아학을 공부했습니다. 그런데 대학교에서 한국 문화 수업을 듣고 한국 문화를 더 자세히 알고 싶어졌습니다. 그래서 혼자 열심히 한국 문화 책도 보고 한국의 영화와 방송을 찾아서 봤습니다.

한국 문화를 잘 알고 싶으면 한국어가 필요합니다. 그래서 대학교를 졸업하고 한국어를 배우려고 한국으로 유학을 왔습니다. 한국에서 한국어를 공부한 지 1년쯤 됐습니다.

그리고 이제 한국 문화를 좀 더 자세히 공부하고 싶어서 대학원에서 한국학을 전공하려고 합니다. 아직 독일에는 한국 문화를 잘 모르는 사람이 많습니다. 제가 이 학교에 입학하면 한국의 문화를 열심히 공부해서 한국을 잘 이해하고 싶습니다. 그래서 좋은 한국의 문화를 독일에 소개하겠습니다.

소개　자기 소개서　필요하다　및　학습　아시아　관심　생기다　자세히　유학
입학하다　이해하다

1 이 사람은 왜 이 글을 썼습니까? (　　)

❶ 한국어를 배우려고 썼습니다.
❷ 대학교를 졸업하려고 썼습니다.
❸ 대학원에 들어가려고 썼습니다.
❹ 독일에 한국을 소개하려고 썼습니다.

2 이 사람은 대학교에서 무엇을 전공했습니까? 대학원에서 무엇을 전공하려고 합니까?

대학교	대학원

3 맞지 않는 것을 고르십시오. (　　)

❶ 고등학교 때 한국 친구가 있었습니다.
❷ 한국에서 한국말을 1년 동안 공부했습니다.
❸ 독일에 한국 문화를 모르는 사람이 많습니다.
❹ 대학교 수업에서 한국 영화와 방송을 공부했습니다.

V. 따라해 봅시다

<모음2> /ㅔ/ /ㅘ/ /ㅙ/ /ㅢ/

이제 문화 왜 의학

- **왜 이제** 왔어요?
- 한국 **문화를** 배우고 싶어요.
- **의학을** 전공할 거예요.

V. 정리해 봅시다

1. 언제 한국어 공부를 시작했습니까? 왜 한국어를 배웁니까?
2. 친구들에게 직업과 전공을 소개해 보십시오.

02과 친구와 가족

1. 내 친구

MP3 / 03

• 학습 목표: 친구를 묘사하고 소개하는 내용을 이해할 수 있다.

I. 준비해 봅시다

누구를 이야기합니까? 알맞은 것을 연결하십시오.

1) 

2) 

3) 

4) 

① 잘생겨서 인기가 많아요.

② 운동을 해서 날씬해졌어요.

③ 책을 많이 읽어서 똑똑해요.

④ 목소리가 좋아서 아나운서가 됐어요.

II. 들어 봅시다

1 문장을 듣고 알맞은 대답을 고르십시오.

1)	2)	3)	4)

(　　)	(　　)	(　　)	(　　)
① 참 착하네요.	② 귀여운데 조금 뚱뚱하네요.	③ 어렸을 때는 머리가 짧고 안경을 꼈네요.	④ 영어를 잘하겠네요.

잘생기다　날씬하다　똑똑하다　목소리가 좋다　아나운서　착하다　귀엽다
뚱뚱하다　어리다　안경을 끼다

2 문장을 듣고 알맞은 대답을 연결하십시오.

1) •	•	❶ 인기가 많겠어요.
2) •	•	❷ 날마다 바쁘겠어요.
3) •	•	❸ 많이 피곤하겠어요.
4) •	•	❹ 정말 반가웠겠어요.

[3-4] 대화를 듣고 질문에 답하십시오.

3 왕샤오링 씨는 누구입니까? (　　)

❶ 에릭 씨 고향 친구　　❷ 에릭 씨 회사 친구

❸ 리타오 씨 고향 친구　　❹ 리타오 씨 회사 친구

4 맞으면 O, 틀리면 X 하십시오.

1) 왕샤오링 씨는 대학원에서 한국어를 공부합니다. (　　)

2) 에릭 씨는 회사원입니다. (　　)

[5-7] 대화를 듣고 질문에 답하십시오.

5 유키 씨의 한국 친구와 관계있는 것을 연결하십시오.

	•	❶ 귀엽다
	•	❷ 친절하다
1) 미선 •	•	❸ 재미있다
	•	❹ 키가 크다
2) 영수 •	•	❺ 눈이 크다
	•	❻ 머리가 짧다
	•	❼ 성격이 밝다

6 유키 씨는 지난달에 한국 친구들과 무엇을 했습니까?

성격이 좋다　교육학　경주　성격이 밝다

7 맞으면 O, 틀리면 X 하십시오.

1) 유키 씨는 제주도에서 미선 씨를 처음 만났습니다. (   )
2) 영수 씨는 제주도에서 대학교에 다닙니다. (   )
3) 흐엉 씨는 아직 한국 친구가 없습니다. (   )

III. 읽어 봅시다

제목 | **친구를 찾습니다.**

저는 러시아에서 온 마리아입니다. 3개월 전에 한국에 왔습니다. 오전에는 한국어학당에서 한국어를 배우고 있는데 수업이 끝나면 특별히 할 일이 없습니다. 도서관에 가서 공부를 하는 날도 있고 공원에 가서 산책을 하는 날도 있습니다. 친구가 없어서 혼자 시간을 보내고 공부하니까 조금 지루할 때가 있습니다. 그래서 수업이 끝나고 만나서 공부도 하고 같이 놀 수 있는 친구를 찾으려고 합니다.

저는 성격이 밝고 이야기하는 것을 좋아합니다. 작년에는 일본에서 공부를 했고, 올해는 한국에 유학을 왔습니다. 한국 노래를 좋아해서 날마다 음악을 듣고 노래방에 가끔 갑니다. 저와 취미가 같아서 함께 노래방에 갈 수 있는 친구를 만나면 좋겠습니다. 저와 같이 공부하면서 친구가 되실 분은 연락해 주십시오.

↳ 일본에서 공부했네요. 일본어도 잘하겠어요.

↳ 한국 노래를 좋아하시는군요. 저도 노래방에 가는 것을 좋아하는데 전화 드리겠습니다.

↳ 저도 요즘 친구가 없어서 심심해요. 같이 공부하고 놀면 재미있겠네요.

지루하다

1 이 사람은 누구를 찾고 있습니까? ( )

❶ 같이 공부할 친구
❷ 방을 같이 쓸 친구
❸ 일본어를 가르쳐 줄 친구
❹ 한국어학당에 같이 다닐 친구

2 맞지 <u>않는</u> 것을 고르십시오. ( )

❶ 마리아는 한국에 온 지 3개월 됐습니다.
❷ 마리아는 성격이 밝고 이야기하는 것을 좋아합니다.
❸ 마리아는 일본어를 공부하러 일본에 가려고 합니다.
❹ 마리아는 한국 노래를 좋아해서 노래방에 가끔 갑니다.

3 마리아는 친구하고 무엇을 하고 싶어 합니까?

Ⅳ. 따라해 봅시다

<모음3>	/ㅐ/	/ㅕ/	/ㅚ/	/ㅝ/	/ㅠ/
	노래	여자	회사	뭐	유학

- 제 **여자** 친구는 **노래**를 좋아해요.
- **회사** 이름이 **뭐**예요?
- 왜 한국에 **유학** 왔어요?

Ⅴ. 정리해 봅시다

1. 한국 친구가 있습니까? 소개해 보십시오.
2. 고향 친구와 찍은 사진이 있습니까? 사진을 보고 이야기해 봅시다.

02과

친구와 가족

2. 가족과 친척 모임

MP3 / 04

• 학습 목표: 가족 및 친척 소개와 가족 모임의 내용을 이해할 수 있다.

Ⅰ. 준비해 봅시다

누구일까요? 알맞은 것을 연결하십시오.

1) 내 동생의 아들 •		• ❶ 조카
2) 아버지의 형의 아내 •		• ❷ 외숙모
3) 어머니의 언니의 남편 •		• ❸ 이모부
4) 어머니의 아버지의 아들의 아내 •		• ❹ 큰어머니

Ⅱ. 들어 봅시다

1 무엇을 이야기합니까? 문장을 듣고 보기에서 알맞은 것을 골라 쓰십시오.

보기

오늘　삼촌　내일　외할머니

고향　날씨　메뉴　직업

1) ______ 의 ______　2) ______ 의 ______

3) ______ 의 ______　4) ______ 의 ______

2 문장을 듣고 그림에서 우리 가족을 골라 ✔하십시오.

1)

❶ (　　)　❷ (　　)

2)

❶ (　　)　❷ (　　)

3)

❶ (　　)　❷ (　　)

4)

❶ (　　)　❷ (　　)

조카　외숙모　이모부　큰어머니　삼촌　외할머니

[3-4] 대화를 듣고 질문에 답하십시오.

3 오늘은 무슨 날입니까?

4 맞으면 O, 틀리면 X 하십시오.

1) 윤아 씨는 어머니가 꽃을 좋아해서 꽃다발을 샀습니다. ( )

2) 윤아 씨는 오늘 큰아버지와 큰어머니를 만날 겁니다. ( )

[5-7] 대화를 듣고 질문에 답하십시오.

5 우진 씨는 주말에 어디에 갔습니까?

6 맞으면 O, 틀리면 X 하십시오.

1) 우진 씨는 주말에 가족과 친척들을 만났습니다. ( )

2) 한국 사람들은 아이의 생일 때마다 돌잔치를 합니다. ( )

7 우진 씨는 조카에게 무엇을 선물했습니까? 왜 그 선물을 샀습니까?

외삼촌 이모 외할아버지 생신 큰아버지 친척 돌잔치 장난감

Ⅲ. 읽어 봅시다

저는 한국에서 태어났지만 두 살 때부터 브라질에서 살아서 한국말을 잘 못해요. 아버지께서 저에게 보통 한국말로 이야기하셔서 들을 때는 괜찮은데 말하는 것은 어려웠어요. 그래서 한국어를 배우려고 한국에 왔어요. 한국에 온 지 3개월 됐는데 이제 한국말로 말하는 것에 조금 익숙해졌어요.

지난 주말에 셋째 고모의 결혼식이 있었어요. 고모부의 고향이 대전이어서 그곳에서 결혼식을 했어요. 결혼식에는 할아버지, 할머니와 많은 친척들이 왔는데, 친척들과 한국말로 이야기했어요. 모르는 것이 있을 때는 작은어머니께서 옆에서 도와주셨어요. 조금 어려웠지만 친척들과 한국말로 이야기할 수 있어서 기분이 좋았어요. 한국에서 결혼식을 처음 봤는데 브라질의 결혼식과 다르고 아주 재미있었어요.

태어나다 대전 고모부 작은어머니

1 이 사람은 지난 주말에 왜 친척들을 만났습니까?

2 맞지 않는 것을 고르십시오. (   )

① 이 사람은 3개월 전에 한국에 왔습니다.
② 이 사람은 말하기보다 듣기가 쉽습니다.
③ 이 사람은 결혼식이 있어서 한국에 왔습니다.
④ 고모부가 대전 사람이어서 대전에서 결혼식을 했습니다.

3 이 사람은 왜 기분이 좋았습니까?

Ⅳ. 따라해 봅시다

<모음 어울림 1>　/ㅏ/+았→았　/ㅗ/+았→왔

샀어요 갔어요　왔어요 봤어요

- 무슨 선물을 **샀어요?**
- 돌잔치에 **다녀왔어요.**
- 한국에서 결혼식을 처음 **봤어요.**

Ⅴ. 정리해 봅시다

1. 부모님의 형제를 소개하십시오.
2. 여러분은 언제 친척들을 만납니까? 이야기해 봅시다.

복습

MP3 / 05

1 대화를 듣고 질문에 답하십시오.

1) **두 사람은 그동안 어떻게 지냈습니까?**

존	리타오

2) **맞는 것을 고르십시오. (　　)**

① 리타오 씨는 신문 방송학을 전공하고 싶어 합니다.

② 존 씨는 대학교 공부가 어려워져서 힘들었습니다.

③ 리타오 씨는 한국 대학교에서 공부하고 있습니다.

④ 윤아 씨는 존 씨의 친구인데 성격이 밝고 착합니다.

3) **맞으면 O, 틀리면 X 하십시오.**

① 두 사람은 그동안 자주 만났습니다. (　　)

② 존 씨는 리타오 씨를 도와줄 사람을 소개할 겁니다. (　　)

2 다음을 읽고 질문에 답하십시오.

YONSEI EMAIL

보낸 사람	yihana@hankuk.ac.kr
받는 사람	fighting_litao@yonsei.ac.kr
제　　목	안녕하세요?

리타오 씨, 안녕하세요? 존 씨의 소개를 받고 이메일을 드려요.

제 이름은 이한아예요. 대학교에서 신문 방송학을 공부하는 학생이에요. 신문 방송학을 공부한 지 2년쯤 됐어요. 처음에는 신문 방송학이 좀 어렵게 생각됐어요. 그런데 이제는 점점 재미있어지네요. 그래서 졸업 후에 방송국에서 일하려고 해요.

리타오 씨도 대학교에서 신문 방송학을 전공하려고 하지요? 혼자 준비하기가 힘들겠어요. 준비하면서 물어보고 싶은 게 있으면 연락하세요. 열심히 도와 드리겠습니다. 제 연락처는 010-2123-3464예요. 연락 기다리겠습니다.

이한아 드림

1) **이한아 씨는 왜 이 글을 썼습니까? (　　)**

❶ 존 씨를 소개하려고
❷ 존 씨의 전공을 알려 주려고
❸ 리타오 씨를 도와주고 싶어서
❹ 리타오 씨의 전공을 알고 싶어서

2) **맞는 것을 고르십시오. (　　)**

❶ 이한아 씨가 리타오 씨에게 먼저 전화할 겁니다.
❷ 이한아 씨는 대학교를 졸업하고 방송국에서 일하고 있습니다.
❸ 이한아 씨는 대학교에서 2년 동안 신문 방송학을 공부했습니다.
❹ 이한아 씨가 생각할 때 신문 방송학은 리타오 씨에게 어렵습니다.

문화

호칭

한국에서는 가족이 아닌 사람에게도 가족이나 친척 호칭을 사용합니다. 예를 들면, 친한 경우에 남성이 자기보다 나이가 많은 사람을 '형' 또는 '누나'라고 부릅니다. 친구의 어머니를 그냥 '어머니'라고 부르기도 합니다.

식당에서 일하시는 분을 부를 때 '이모'라고 하는 것도 자주 들을 수 있을 겁니다. 가족이 아닌 사람을 가족처럼 부르면 사람과 사람의 관계를 더 가깝게 만들 수 있습니다.

1. **한국에서는 가족이 아닌 사람에게 왜 가족 호칭을 씁니까?**
2. **여러분 나라에서도 특별하게 사용하는 호칭이 있습니까?**

점점　부탁하다　연락처

03과 고향

1. 친구의 고향

MP3 / 06

• 학습 목표: 고향의 위치와 환경을 설명하는 내용을 이해할 수 있다.

Ⅰ. 준비해 봅시다

다음 문장과 어울리는 장소를 연결하십시오.

1) 빌딩이 많고 복잡합니다. • • ① 섬

2) 조용하고 경치가 아름답습니다. • • ② 도시

3) 바닷가가 있고 해산물이 많습니다. • • ③ 시골

4) 공기가 좋고 등산을 할 수 있습니다. • • ④ 산

Ⅱ. 들어 봅시다

1 언제 했습니까? 문장을 듣고 알맞은 그림과 연결하십시오.

1)

2)

3)

4)

10년 전 3년 전 3개월 전 일주일 전 지금

빌딩 해산물 섬 도시 시골

2 대화를 듣고 이 사람이 한 일에 ✔하십시오.

1)

❶ (　　　)　❷ (　　　)

2)

❶ (　　　)　❷ (　　　)

3)

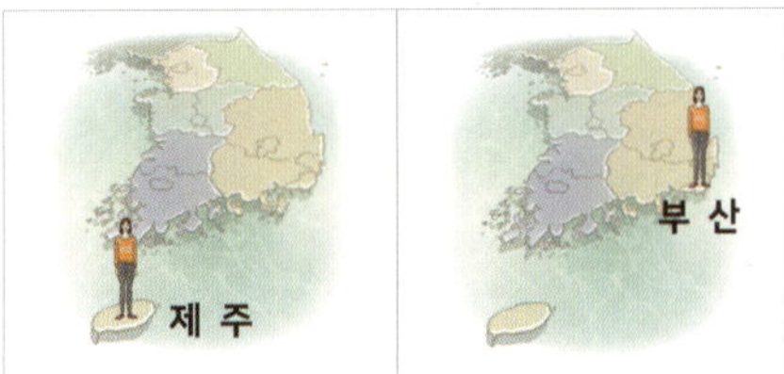

❶ (　　　)　❷ (　　　)

4)

❶ (　　　)　❷ (　　　)

[3-4] 대화를 듣고 질문에 답하십시오.

3 리타오 씨의 고향은 어디입니까? 고향이 어디에 있습니까?

고향	위치
(　　　　　)	(　　　　　)의 (　　　　　)

4 맞으면 O, 틀리면 X 하십시오.

1) 레오 씨는 리타오 씨의 고향에 가 봤습니다. (　　　)

2) 리타오 씨의 고향에는 유명한 곳이 많습니다. (　　　)

[5-7] 대화를 듣고 질문에 답하십시오.

5 흐엉 씨와 노라 씨의 고향 이야기입니다. 빈칸에 알맞은 단어를 고르십시오.

흐엉 씨의 고향은 베트남의 (하노이, 호찌민)입니다.

베트남의 (남쪽, 북쪽)에 있습니다.

노라 씨의 고향은 (노르웨이, 네덜란드)의 오슬로입니다.

북쪽　유명하다　관광지　위치　하노이　호찌민　남쪽　노르웨이
네덜란드　오슬로

6 흐엉 씨는 고향에 가서 무엇을 했습니까?

________________을/를 만나고 ________________을/를 먹었습니다.

7 맞는 것을 고르십시오. (　　)

① 두 사람은 어제 만났습니다.
② 노라 씨의 고향에는 바다가 있습니다.
③ 흐엉 씨는 노라 씨의 고향에 가 봤습니다.
④ 흐엉 씨는 4개월 만에 고향에 다녀왔습니다.

Ⅲ. 읽어 봅시다

저는 지난 주말에 영수 씨를 만나러 오랜만에 속초에 다녀왔습니다. 속초는 영수 씨의 고향입니다. 이번에도 영수 씨가 여기저기 안내를 잘 해 줘서 즐겁게 여행했습니다. 지금부터 속초에서 제가 가 본 곳을 소개해 드리겠습니다.

서울에서 버스를 타고 동쪽으로 두 시간쯤 가면 속초가 나옵니다. 속초에는 설악산과 동해 바다가 있어서 구경거리도 많고 할 수 있는 것도 많습니다. 설악산에 가면 등산을 할 수도 있고 케이블카로 산 위에 올라갈 수도 있습니다. 속초에서 보는 동해 바다는 정말 푸르고 깨끗합니다. 여름에는 해수욕장에서 즐거운 시간을 보낼 수 있습니다. 바다와 가까운 곳에 큰 호수도 있는데 산책을 하거나 자전거를 빌려서 탈 수 있습니다. 또 근처에 예쁜 커피숍이 많습니다. 아름다운 경치를 보면서 커피를 마시면 기분이 아주 좋아집니다. 속초에는 맛있는 음식도 많으니까 아직 못 가 보신 분들은 꼭 가십시오.

속초　동쪽　동해　구경거리　케이블카　푸르다

1 이 사람은 언제 속초에 갔습니까? 왜 속초에 갔습니까?

1) 언제 ______

2) 왜 ______

2 맞는 것을 고르십시오. (   )

① 이 사람은 속초에 처음 갔습니다.
② 이 사람은 속초까지 영수 씨와 같이 갔습니다.
③ 서울에서 속초까지 버스로 두 시간쯤 걸립니다.
④ 속초를 구경할 때 이 사람이 영수 씨를 안내했습니다.

3 장소와 관계있는 문장을 연결하십시오.

1) 설악산 •
2) 동해 •
3) 호수 •

• ① 등산을 합니다.
• ② 자전거를 탑니다.
• ③ 케이블카를 탑니다.
• ④ 푸르고 깨끗합니다.
• ⑤ 해수욕장이 있습니다.
• ⑥ 근처에 커피숍이 있습니다.

Ⅳ. 따라해 봅시다

<모음 어울림 2> /ㅓ/+었→었 /ㅜ/+었 →웠 /ㅡ/+었→었 /ㅣ/+었→였

건넜습니다 줬습니다 썼습니다 드렸습니다

- 영수가 안내를 잘 해 **줬습니다**.
- 고향에 계시는 부모님께 편지를 **썼습니다**.
- 친구가 할머니께 인사를 **드렸습니다**.

Ⅴ. 정리해 봅시다

1. 여러분의 고향은 어디에 있습니까?
2. 여러분의 고향에는 무엇이 많습니까?

03과 고향

2. 아름다운 내 고향

MP3 / 07

• 학습 목표: 고향의 자연환경과 생활 모습을 묘사하는 내용을 이해할 수 있다.

Ⅰ. 준비해 봅시다

이야기의 빈칸에 알맞은 단어를 보기에서 찾아서 쓰십시오.

저는 한국에 온 지 6개월 되었습니다. 한국 생활은 재미있지만 가끔 (　　　　)습니다/ㅂ니다. 고향에 있는 가족들이 (　　　　)을/ㄹ 때가 많습니다. 제 고향은 한국에서 먼데 리에 씨는 고향이 가까워서 방학마다 고향에 다녀옵니다. 리에 씨가 정말 (　　　　)습니다/ㅂ니다. 고향에 가서 가족들을 만나면 아주 (　　　　)을/ㄹ 것 같습니다.

보기

그립다　　행복하다　　부럽다　　외롭다

Ⅱ. 들어 봅시다

1 문장을 듣고 알맞은 그림과 연결하십시오.

1)  •　　• ① 

2)  •　　• ② 

3) 

•　　• ③ 

4) 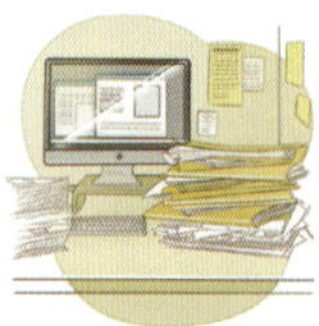 •　　• ④ 

그립다　행복하다　부럽다　외롭다

2 이야기를 듣고 친구의 고향과 어울리는 단어에 모두 ✔하십시오.

☐ 큽니다 ☐ 작습니다 ☐ 공기가 좋습니다 ☐ 산이 있습니다
☐ 바다가 있습니다 ☐ 바쁘게 지냅니다 ☐ 한가하게 지냅니다

[3-4] 대화를 듣고 질문에 답하십시오.

3 제니 씨는 한국과 고향에서 어떻게 지냅니까? 맞는 것을 연결하십시오.

1) 고향에서 •
2) 한국에서 •

• ❶ 열심히 공부해요.
• ❷ 산책을 자주 해요.
• ❸ 친구들과 많이 놀아요.
• ❹ 가족들과 자주 전화해요.

4 맞으면 O, 틀리면 X 하십시오.

1) 제니 씨는 한국에 온 지 한 달 되었습니다. ( )
2) 제니 씨의 고향에는 아름다운 공원이 많습니다. ( )

[5-7] 대화를 듣고 질문에 답하십시오.

5 두 사람은 지금 어디에 있습니까? ( )

❶ 서울 ❷ 일본 ❸ 정희 씨 고향 ❹ 유키 씨 고향

6 맞는 것을 고르십시오. ( )

❶ 정희 씨는 항상 풍경이나 음식 사진을 찍습니다.
❷ 두 사람은 이제 수영을 하러 바닷가에 가겠습니다.
❸ 두 사람은 서울에서 점심을 먹고 이곳에 왔습니다.
❹ 오늘은 날씨가 맑기 때문에 경치를 보기가 좋습니다.

이렇게 특별하다 신선하다 풍경 해운대

7 왜 해운대에 사람들이 많이 옵니까?

제 고향은 미국 하와이입니다. 하와이는 미국 캘리포니아의 서쪽, 일본의 동쪽에 있는 섬입니다. 바다가 아름답고 구경거리도 많은 곳입니다. 우리 집은 하와이의 호놀룰루에 있습니다. 호놀룰루에는 여러 나라에서 온 사람들이 많이 살기 때문에 세계의 문화를 만날 수 있고 여러 나라의 음식도 먹을 수 있습니다. 맛있는 한식집도 물론 있습니다.

호놀룰루의 유명한 관광지인 와이키키 해변은 외국에서 여행을 오는 사람들로 복잡합니다. 신혼여행을 온 사람들도 많이 볼 수 있습니다. 구경할 것도 많고 쇼핑하기도 편하기 때문입니다. 많은 사람들이 커피와 초콜릿을 삽니다. 하와이의 커피는 냄새가 아주 좋고 맛이 특별합니다.

저는 고향에 있을 때 바다에서 많은 시간을 보냈습니다. 친구들과 수영도 하고 서핑도 했습니다. 서핑은 처음에는 조금 무서웠는데 지금은 많이 연습해서 쉬워졌습니다. 시원한 바다에서 친구들과 서핑을 하면 정말 행복합니다.

1 이 사람의 고향은 어디입니까? 고향에서 유명한 관광지는 어디입니까?

고향	유명한 관광지
( )의 ( )	( )

하와이 캘리포니아 서쪽 호놀룰루 세계 물론 와이키키 해변 냄새 서핑

2 보기에서 알맞은 단어를 모두 찾아 쓰십시오.

왜 와이키키 해변에 신혼여행을 많이 옵니까?	
하와이에 여행 온 사람들이 무엇을 삽니까?	
이 사람은 고향 바다에서 무엇을 했습니까?	

보기

수영 구경거리 초콜릿 서핑 커피 쇼핑

3 맞는 것을 고르십시오. ( )

① 하와이는 일본의 서쪽에 있는 섬입니다.
② 호놀룰루에서는 한식을 먹기 어렵습니다.
③ 이 사람은 처음부터 서핑을 쉽게 했습니다.
④ 호놀룰루에서 여러 나라의 문화를 만날 수 있습니다.

Ⅳ. 따라해 봅시다

<모음 어울림 3> /하/+였→했

했습니다 공부했습니다 피곤했습니다

- 고향에서 친구들과 서핑을 **했습니다**.
- 한국에 오기 전부터 한국어를 **공부했습니다**.
- 고향에서는 일이 많아서 항상 **피곤했습니다**.

Ⅴ. 정리해 봅시다

1. 여러분의 고향에서는 무엇을 할 수 있습니까?
2. 여러분의 고향은 무엇이 유명합니까?

04과 집

1. 이사

MP3 / 08

• 학습 목표: 이사를 준비하고 집을 찾는 내용을 이해할 수 있다.

Ⅰ. 준비해 봅시다

어떻게 이사를 합니까? 맞는 순서대로 번호를 쓰십시오.

1 
계약하다

2 
이사를 하다

3 

살 집을 알아보다

4 
짐을 싸다

5 
이삿짐센터에 예약하다

(　　　) → (　　　) → (　⑤　) → (　　　) → (　　　)

Ⅱ. 들어 봅시다

1 문장을 듣고 이어질 수 있는 말을 연결하십시오.

1) •　　　　• ① 빨리 가서 쉬어야겠습니다.

2) •　　　　• ② 아르바이트를 해야겠습니다.

3) •　　　　• ③ 다른 곳으로 이사해야겠습니다.

4) •　　　　• ④ 같이 살 친구를 찾아야겠습니다.

2 문장을 듣고 알맞은 그림을 고르십시오.

1) (　　)　2) (　　)　3) (　　)　4) (　　)

① 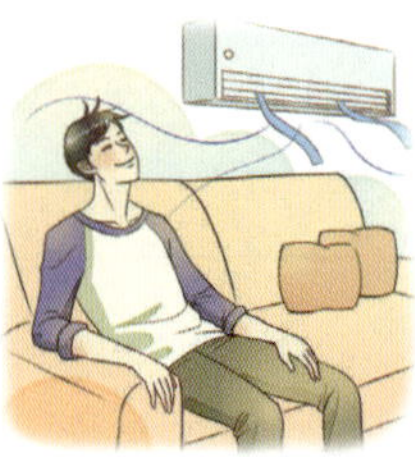

② 

③ 

④ 

이사하다　이삿짐센터　짐　싸다　계약하다　불편하다　별로　하숙집　트럭　싣다　에어컨

[3-4] 대화를 듣고 질문에 답하십시오.

3 리타오 씨는 왜 걱정을 합니까?

______

4 맞으면 O, 틀리면 X 하십시오.

1) 리타오 씨는 모레 이사를 갑니다. (　　)
2) 흐엉 씨는 리타오 씨의 이사 준비를 도와주겠습니다. (　　)

[5-7] 대화를 듣고 질문에 답하십시오.

5 무엇에 대한 이야기입니까? (　　)

① 원룸 고르기　② 이삿짐 찾기　③ 이사하기　④ 계약하기

6 맞는 것을 고르십시오. (　　)

① 주앙 씨는 요즘 바쁘지 않습니다.
② 주앙 씨는 이사를 준비하고 있습니다.
③ 주앙 씨의 원룸에는 문제가 있습니다.
④ 주앙 씨는 이삿짐센터를 예약했습니다.

7 주앙 씨는 어디에서 어디로 이사를 갑니까?

______ 에서 ______ 으로/로 이사를 갑니다.

원룸　잊다

III. 읽어 봅시다

저는 지금 연세 대학교 기숙사에서 살고 있습니다. 기숙사는 연세 대학교에 있기 때문에 한국어학당에 올 때 아주 편합니다. 기숙사는 두 사람이 방 하나를 같이 써서 좀 불편합니다. 저는 혼자 편하게 살고 싶어서 이사 갈 집을 찾고 있습니다.

반 친구가 살고 있는 하숙집을 소개해 줘서 그 집에 가 봤습니다. 하숙집 아주머니가 친절하시고 방도 깨끗했습니다. 그런데 방이 생각보다 작고 좀 어두워서 마음에 들지 않았습니다.

그래서 좋은 집을 알아보려고 부동산에 갔습니다. 부동산 아저씨는 저에게 원룸을 하나 보여 줬습니다. 원룸은 하숙집보다 방이 크고 밝았습니다. 방 안에 작은 화장실도 있었습니다. 하지만 관리비가 조금 비쌉니다. 관리비가 조금 더 쌌으면 좋겠습니다. 이 원룸에서 살면 앞으로의 생활이 더 편할 것 같습니다. 내일 부동산에 가서 원룸을 계약해야겠습니다. 새집에서 좋은 일이 많이 생겼으면 좋겠습니다.

1 무엇에 대한 설명입니까? 관계있는 것을 연결하십시오.

1) 기숙사 •

2) 하숙집 •

3) 원룸 •

• ❶ 방이 좀 어둡습니다.

• ❷ 방이 크고 밝았습니다.

• ❸ 관리비가 조금 비쌉니다.

• ❹ 아주머니가 친절하십니다.

• ❺ 한국어학당에 올 때 편합니다.

• ❻ 두 사람이 한 방을 같이 씁니다.

알아보다 마음에 들다 관리비 어둡다 밝다

2 맞으면 O, 틀리면 X 하십시오.

1) 이 사람은 편하게 살고 싶어서 이사를 하려고 합니다. ( )
2) 이 사람은 앞으로 하숙집에서 살 것 같습니다. ( )
3) 같은 반 친구가 이 사람에게 원룸을 소개해 줬습니다. ( )

3 이 사람은 내일 무엇을 하겠습니까?

Ⅳ. 따라해 봅시다

<모음 어울림 4> /ㅐ/ + 었 /ㅔ/ + 었 /ㅚ/ + 었 /ㅟ/ + 었

보냈습니다 셌습니다 되었습니다 쉬었습니다.

- 이사 갈 집으로 이삿짐을 **보냈습니다.**
- 열심히 일해서 제 집을 사게 **되었습니다.**
- 이사가 너무 힘들어서 빨리 끝내고 **쉬었으면** 좋겠습니다.

Ⅴ. 정리해 봅시다

1. 여러분은 지금 어떤 집에서 삽니까?
2. 여러분이 집을 알아볼 때 중요하게 생각하는 것은 무엇입니까?

중요하다

04과

집

2. 내가 사는 집

MP3 / 09

• 학습 목표: 집안일과 내가 살고 있는 집을 소개하는 내용을 이해할 수 있다.

Ⅰ. 준비해 봅시다

그림을 보고 관계있는 것을 연결하십시오.

1)  •   • ① 신발을 벗습니다.

2)  •   • ② 깨끗하게 손을 씻습니다.

3)  •   • ③ 가족들이 모여서 TV를 봅니다.

4)  •   • ④ 요리를 하는 곳입니다.

Ⅱ. 들어 봅시다

1 대화를 듣고 무엇을 이야기하는지 고르십시오. (　　)

① 

② 

③ 

④ 

⑤ 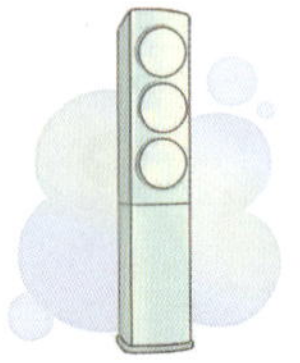

거실　부엌　현관　사용하다

2 대화를 듣고 알맞은 그림을 고르십시오.

1) (　　)　　2) (　　)　　3) (　　)　　4) (　　)

❶　❷　❸　❹

[3-4] 대화를 듣고 질문에 답하십시오.

3 유키 씨는 지금 무엇을 하고 있습니까?

4 맞으면 O, 틀리면 X 하십시오.

1) 두 사람은 같은 집에서 삽니다. (　　)

2) 유키 씨가 이사한 원룸은 필요한 게 다 있어서 편리합니다. (　　)

[5-7] 대화를 듣고 질문에 답하십시오.

5 이 동네에 없는 것은 무엇입니까? (　　)

❶ 공원　❷ 찜질방　❸ 마트　❹ 미용실

6 맞지 않는 것을 고르십시오. (　　)

❶ 두 사람은 같은 동네에 삽니다.

❷ 존 씨는 이 동네를 잘 모릅니다.

❸ 두 사람은 같이 마트에 가려고 합니다.

❹ 존 씨는 겨울옷을 세탁하고 싶어 합니다.

7 세탁소는 어디에 있습니까?

베란다　정리하다　나중에　새로　편리하다　동네　미용실　찜질방　세탁소　건물

4-2

빨리 만나고 싶어요!

기숙사에서 요리를 할 수 없어서 힘든가요? 하숙집 아주머니의 음식이 맛이 없나요? 그럼 원룸에서 요리를 잘하는 룸메이트와 맛있는 음식을 만들어서 먹는 건 어때요?

안녕하세요? 저는 일본에서 온 유키입니다. 제 원룸에서 같이 살 룸메이트를 찾고 있는 중입니다. 원룸에서 혼자 사니까 심심하고 재미없어서 같이 지낼 룸메이트를 찾고 있습니다.

제 원룸은 학교 근처에 있기 때문에 학교까지 걸어서 5분 걸립니다. 원룸 근처에는 세탁소와 미용실도 있어서 편하게 이용할 수 있습니다. 또 방도 크고 화장실도 깨끗합니다. 원룸 안에 에어컨과 세탁기도 있어서 아주 편리합니다. 집에 작은 부엌도 있어서 요리도 편하게 할 수 있습니다.

저는 요리를 잘하고 좋아하기 때문에 요리를 못하는 친구도 괜찮습니다. 그렇지만 청소는 잘 못하기 때문에 청소를 잘하는 친구가 룸메이트였으면 좋겠습니다. 저와 같이 맛있는 음식도 먹고 재미있게 지내고 싶은 분은 제 이메일로 연락해 주세요.

이메일 kliyuki@yonsei.ac.kr

1 이 사람은 왜 이 글을 썼습니까? (　　)

① 하숙집에서 살고 싶지 않아서
② 원룸의 시설을 소개하고 싶어서
③ 같이 살 룸메이트를 찾고 싶어서
④ 요리를 잘하는 친구를 만나고 싶어서

룸메이트　부엌

2 맞으면 O, 틀리면 X 하십시오.

1) 이 사람은 지금 원룸에서 살고 있습니다. ( )
2) 이 사람 원룸은 세탁소와 가깝습니다. ( )
3) 이 사람은 요리와 청소를 모두 잘합니다. ( )

3 이 사람은 어떤 룸메이트를 찾고 있습니까?

Ⅳ. 따라해 봅시다

<소리이음1> 원룸에서[월루메서] 있어서[이써서] 한국말을[한국마를]

- **원룸에서** 혼자 살아서 심심해요.
- 세탁기도 **있어서** 편리해요.
- **한국말을** 배우는 학생이에요.

Ⅴ. 정리해 봅시다

1. 여러분이 지금 살고 있는 집을 소개하십시오.
2. 지금 살고 있는 집의 좋은 점은 무엇인가요?

복습

MP3 / 10

1 대화를 듣고 질문에 답하십시오.

1) 두 사람은 무엇에 대해서 이야기합니까? (　　)

① 학교 숙제
② 살고 싶은 집
③ 리타오 씨 고향
④ 리타오 씨 가족

2) 맞지 않는 것을 고르십시오. (　　)

① 윤아 씨는 베이징에 가 보지 못했습니다.
② 리타오 씨는 이사한 지 오래되었습니다.
③ 베이징 사람들은 아파트에서 많이 삽니다.
④ 리타오 씨 할아버지는 공원에서 운동을 합니다.

3) 리타오 씨는 숙제를 한 후에 무엇을 하겠습니까?

2 다음을 읽고 질문에 답하십시오.

이 사진은 베이징에 있는 우리 집 사진입니다. 처음 이사를 온 날 부모님과 함께 찍었습니다. 아버지께서는 일하는 곳과 집이 가깝기 때문에 이 집을 좋아하십니다. 어머니께서는 거실과 부엌이 넓어서 좋아하시고요. 거실과 부엌은 큰데 베란다는 좀 작습니다. 저는 베란다에 제가 좋아하는 책을 모두 놓고 작은 서재를 만들었습니다. 우리 동네는 살기가 아주 편합니다. 백화점과 식당, 공원 같은 편의 시설이 많습니다. 베이징 사람들은 공원에 자주 가서 산책도 하고 운동도 합니다. 저는 이사를 하고 한 달 만에 한국에 왔기 때문에 아직 집 근처 공원에는 못 가 봤습니다. 방학이 되면 고향에 돌아가서 가족들과 같이 (　　　　) 좋겠습니다.

1) **맞으면 O, 틀리면 X 하십시오.**

❶ 이 집 근처에 어머니의 회사가 있습니다. ( )

❷ 이 집의 베란다에서 책을 읽을 수 있습니다. ( )

❸ 이 동네에 백화점과 공원이 있습니다. ( )

2) **빈칸에 가장 알맞은 것을 고르십시오. ( )**

❶ 한국에 왔으면 ❷ 이삿짐을 정리했으면

❸ 공원에서 산책했으면 ❹ 백화점에서 쇼핑했으면

문화

한국인의 집

한국에서는 다양한 모습의 집을 볼 수 있습니다. 가장 많이 볼 수 있는 것은 아파트입니다. 아파트는 정해진 공간 안에서 많은 사람들이 살 수 있는 데다가 편리하고 안전하다고 생각되어서 도시의 대표적인 집이라고 할 수 있습니다. 그 밖에 빌라와 단독 주택도 한국인들이 많이 사는 곳입니다. 또한 한국의 전통 집인 한옥에 살고 있는 사람들도 있습니다.

1. **한국 사람들이 가장 많이 사는 집은 무엇입니까?**
2. **여러분 나라 사람들은 어떤 집에서 가장 많이 삽니까?**

만리장성 발표 서재 편의 시설

05과 음식

1. 음식 소개

MP3 / 11

• 학습 목표: 음식을 먹는 방법을 소개하는 내용을 이해할 수 있다.

Ⅰ. 준비해 봅시다

어울리는 양념과 먹는 방법을 찾아 연결하고 문장을 완성하십시오.

1) 커피	간장	뿌리다
2) 초밥	고추장	넣다
3) 냉면	식초	찍다
4) 비빔밥	설탕	비비다

1) 커피에 설탕을 넣어서 마셔요.

Ⅱ. 들어 봅시다

1 대화를 듣고 두 사람이 말하는 것에 O표 하십시오.

1)

2)

3)

4)

2 말하지 않은 것에 모두 ✔하십시오.

❶ (　　)

❷ (　　)

❸ (　　)

❹ (　　)

❺ (　　)

고추장 식초 설탕 뿌리다 넣다 찍다 비비다 닭고기 채소 만두 양념 직접 소스 음료 무료

[3-4] 대화를 듣고 질문에 답하십시오.

3 주앙 씨가 제일 좋아하는 음식은 무엇입니까? 그 음식은 어떤 양념과 먹으면 좋습니까?

좋아하는 음식	양념

4 맞으면 O, 틀리면 X 하십시오.

1) 파전은 맵지 않습니다. (　　)

2) 유키 씨는 파전을 먹어 봤습니다. (　　)

[5-7] 대화를 듣고 질문에 답하십시오.

5 두 사람은 어떤 음식을 이야기합니까? (　　)

① ② ③ ④

6 맞지 않는 것을 고르십시오. (　　)

① 설렁탕은 밥하고 같이 먹습니다.
② 존 씨는 설렁탕을 먹어 봤습니다.
③ 윤아 씨는 설렁탕을 아주 좋아합니다.
④ 설렁탕은 깍두기하고 같이 먹으면 맛있습니다.

7 설렁탕에 들어가는 것을 모두 찾아 O표 하십시오.

파전　파　중에서　설렁탕　소고기　국　말다　소금　반찬　깍두기

Blog

Notice (2)

+ 이웃추가

올리비아의 한국 생활 20**.8.5

나와 내 친구들은 치맥을 사랑해요!
그래서 지난주에 대구 치맥 페스티벌에 다녀왔어요.

사람들이 정말 많았어요. 치킨도 정말 많았고요.
그 중에서 우리가 선택한 메뉴는 프라이드치킨과 마늘 치킨, 그리고 양념 치킨이었어요.
치맥에는 맥주가 꼭 필요하지요?
그래서 시원한 맥주도 샀어요.

친구들은 프라이드치킨을 제일 좋아했어요.
마늘 소스를 찍어서 먹는 마늘 치킨도 인기가 많았고요.
양념 치킨은 맵고 달았는데 나는 이 양념 치킨이 제일 맛있었어요.
안 먹어 본 사람들은 꼭 드셔 보세요~

치맥을 먹으면서 콘서트도 무료로 볼 수 있었어요.
정말 재미있었어요. 대구 치맥 페스티벌에 꼭 가 보세요~!!!

태그 #대구 #치맥 #페스티벌 #한국 축제 #치킨 #맥주

치맥 대구 페스티벌 선택하다 메뉴 프라이드치킨 콘서트

1 이 사람은 어디에 다녀왔습니까?

2 이 사람은 무엇을 먹고 마셨습니까?

먹은 것	마신 것

3 맞는 것을 고르십시오. (   )

❶ 양념 치킨의 맛은 맵고 답니다.
❷ 이 사람은 치맥을 처음 먹어 봤습니다.
❸ 페스티벌이 끝나고 콘서트를 봤습니다.
❹ 사람들이 양념 치킨을 제일 좋아했습니다.

IV. 따라해 봅시다

<소리 이음 2> 떡볶이[떡뽀끼] 값을[갑쓸] 읽으십시오[일그십씨오]

- 이 식당 **떡볶이가** 맛있어요.
- **값을** 깎아 주세요.
- 크게 **읽으십시오.**

V. 정리해 봅시다

1. 좋아하는 한국 음식이 무엇입니까? 어떤 음식입니까?
2. 여러분 나라의 음식을 소개해 보십시오. 어떻게 먹습니까?

05과

음식

2. 음식 재료와 요리

MP3 / 12

• 학습 목표: 음식 재료와 요리법을 설명하는 내용을 이해할 수 있다.

Ⅰ. 준비해 봅시다

어떤 음식입니까? 맞는 음식과 연결하십시오.

1) 면을 삶은 후에 소스를 넣고 볶아요. • • ① 

2) 채소를 썰고 소스를 뿌려서 먹어요. • • ② 

3) 소고기를 끓인 후에 파와 소금을 넣어서 먹어요. • • ③ 

4) 밥과 김치를 볶아서 만들어요. • • ④ 

Ⅱ. 들어 봅시다

1 문장을 듣고 맞는 그림에 ✔하십시오.

1) ①  ( ) ②  ( )

2) ①  ( ) ②  ( )

3) ①  ( ) ②  ( )

4) ①  ( ) ②  ( )

2 이 사람이 한국에 처음 왔을 때 한 실수가 아닌 것에 ✔하십시오.

① ( )

② ( )

③ ( )

④ ( )

면 삶다 볶다 썰다 냄비 프라이팬 접시 덜다 따로 실수 잃어버리다 섞다

[3-4] 대화를 듣고 질문에 답하십시오.

3 삼계탕에 무엇이 들어갑니까? 모두 쓰십시오.

4 맞으면 O, 틀리면 X 하십시오.

1) 로라 씨는 삼계탕을 먹은 적이 없습니다. (　　)

2) 삼계탕은 끓여서 만드는 음식입니다. (　　)

[5-7] 대화를 듣고 질문에 답하십시오.

5 김치찌개는 어떻게 만듭니까? 순서대로 그림 번호를 쓰십시오.

(　　) → (　　) → (　　) → (　　)

6 맞지 않는 것을 고르십시오. (　　)

❶ 김치찌개에는 두부와 양파, 파가 들어갑니다.
❷ 김치찌개는 재료를 볶은 후에 끓여서 만듭니다.
❸ 돼지고기가 없으면 김치찌개를 만들 수 없습니다.
❹ 에릭 씨는 김치찌개를 만드는 방법을 몰랐습니다.

7 맞으면 O, 틀리면 X 하십시오.

1) 레오 씨는 한국 음식을 만든 적이 있습니다. (　　)

2) 두 사람은 김치찌개 맛을 이야기합니다. (　　)

삼계탕 인삼 마늘 대추 끓이다 방법 돼지고기 두부 햄

<요리로 배우는 한국어>

잡채

잡채를 만들어 본 적이 있어요?
잡채는 한국에서 잔치 때
꼭 먹는 음식이에요.
잡채를 만들어 볼까요?

재료 당면, 소고기, 버섯, 당근, 양파, 시금치, 달걀

양념 다진 마늘, 참기름, 간장, 소금, 설탕, 후추

1. 고기에다가 마늘, 간장, 설탕, 참기름, 후추를 넣고 섞으세요.
2. 끓는 물에 시금치를 넣으세요. 그리고 1분 후에 꺼내세요. 시금치에 마늘과 소금을 넣어서 양념하세요.
3. 달걀을 얇게 부친 후에 써세요.
4. 양파, 버섯, 당근을 써세요.
5. 먼저 양파를 볶으세요. 그 후에 당근, 버섯, 고기를 따로 볶으세요.
6. 당면을 6~7분 동안 삶으세요.
7. 프라이팬에 당면과 간장을 넣고 볶으세요.
8. 당면에다가 볶은 채소와 고기를 넣고 잘 섞으세요. 필요하면 간장, 참기름, 설탕, 후추를 조금 더 뿌리세요.
9. 잡채를 접시에 담으세요. 그 위에다가 달걀을 예쁘게 올리세요.

잡채 재료 당면 버섯 당근 양파 시금치 달걀 다지다 참기름 후추 끓다 꺼내다 부치다[1] 담다

1 이 글은 어떤 글입니까? (　　)

❶ 잡채를 설명하는 글
❷ 잡채 요리 방법을 알려 주는 글
❸ 잡채 먹는 방법을 알려 주는 글
❹ 잡채가 맛있는 식당을 소개하는 글

2 알맞게 그림의 순서를 쓰십시오.

❶ ❷ ❸ ❹ ❺

(❹) → (　　) → (　　) → (　　) → (　　)

3 맞으면 O, 틀리면 X 하십시오.

1) 잡채를 만들 때 재료를 따로 볶습니다. (　　)
2) 접시에다가 달걀을 제일 먼저 담습니다. (　　)

Ⅳ. 따라해 봅시다

<소리 이음 3> 놓으세요[노으세요] 많았습니다[마낟씁니다] 괜찮아요[괜차나요]

- 여기에 젓가락을 **놓으세요**.
- 여러 가지 채소가 **많았습니다**.
- 이 음식 맛이 **괜찮아요**.

Ⅴ. 정리해 봅시다

1. 한국 음식을 만들어 본 적이 있습니까? 무슨 음식을 만들었습니까?
2. 맛있게 만들 수 있는 음식이 있습니까? 어떻게 만듭니까?

06과

시장

1. 편의점

MP3 / 13

• 학습 목표: 쇼핑 장소를 소개하는 내용을 이해할 수 있다.

Ⅰ. 준비해 봅시다

마트에서 파는 물건의 종류를 알맞게 연결하십시오.

1)

2)

3)

4)

❶ 식료품 ❷ 음료 ❸ 생활용품 ❹ 냉동식품

Ⅱ. 들어 봅시다

1 문장을 듣고 알맞은 대답을 연결하십시오.

1) •
2) •
3) •
4) •

• ❶ 편의점에서도 팔 거예요.
• ❷ 음료를 파는 곳에 있을 거예요.
• ❸ 과일이나 채소를 파는 곳에 있을 거예요.
• ❹ 생활용품이 있는 곳에는 없을 거예요. 식료품이 있는 곳으로 가 보세요.

식료품 생활용품 냉동식품 생수 치약 라면

2 대화를 듣고 이 사람이 추천하는 것에 ✔하십시오.

1)

❶ (　　)　❷ (　　)

2)

❶ (　　)　❷ (　　)

3)

❶ (　　)　❷ (　　)

4)

❶ (　　)　❷ (　　)

[3-4] 대화를 듣고 질문에 답하십시오.

3 이 두 사람은 어디에 갔습니까? (　　)

❶ 마트　❷ 백화점
❸ 동대문 시장　❹ 남대문 시장

4 맞으면 O, 틀리면 X 하십시오.

1) 존 씨는 시장에 처음 왔습니다. (　　)
2) 존 씨는 백화점에서 이불을 사려고 했습니다. (　　)

[5-7] 안내 방송을 듣고 질문에 답하십시오.

5 무슨 요일에 무슨 물건을 싸게 팝니까? 알맞게 연결하십시오.

1) 월요일 •		• ❶ 라면
2) 금요일 •		• ❷ 치약
3) 토요일 •		• ❸ 만두

이불　손님　여러분　방문하다　장을 보다

6 날마다 7시 이후에 싸게 파는 물건은 무엇입니까?

7 맞으면 O, 틀리면 X 하십시오.

1) 5월에 냉동식품과 음료를 30% 싸게 팝니다. ( )

2) 5월에 이 마트는 다른 달보다 싸게 팝니다. ( )

III. 읽어 봅시다

한국에서 외국인들이 좋아하는 곳은 어디일까요? 사람마다 다를 거예요. 제가 한국에서 제일 좋아하는 곳은 편의점이에요. 식료품이나 생활용품을 파는 곳이 많지만, 그중에서 저는 편의점에 제일 자주 가요.

편의점은 우리가 생활하는 곳에는 모두 있는 것 같아요. 우리 하숙집 근처에도 편의점이 있어서 자주 가요. 마트는 일찍 문을 닫는데 편의점은 24시간 문을 열어서 밤 늦게도 갈 수 있어요. 우리 생활에 있어야 하는 모든 것을 편의점에서 살 수 있고 요즘은 택배도 보낼 수 있어서 더 편리해졌어요. 특히 여러 가지 도시락이 있어서 편의점에서 식사를 할 수도 있어서 좋아요.

편의점은 크지 않지만 없는 물건이 없어요. 생활용품, 식료품, 채소나 과일, 음료, 냉동식품을 다 파는데 저는 보통 생수나 우유, 과일을 많이 사요. 혼자 살아서 마트에서 과일을 사면 너무 많아서 잘 안 사 먹었는데, 편의점에서는 조금씩 파니까 좋아요. 앞으로 근처에 편의점이 더 많아졌으면 좋겠어요.

1 이 사람이 좋아하는 곳은 어디입니까?

특히 택배 도시락

2 이 사람이 편의점에서 하지 않는 일을 고르십시오. (   )

❶ 과일을 삽니다.
❷ 식사를 합니다.
❸ 택배를 보냅니다.
❹ 도시락을 만듭니다.

3 맞으면 O, 틀리면 X 하십시오.

1) 이 사람은 편의점에서 채소와 과일을 많이 삽니다. (   )
2) 이 사람의 집 근처에는 편의점이 없습니다. (   )

Ⅳ. 따라해 봅시다

<거센소리1> /ㄱ/+/ㅎ/ → [ㅋ]

백화점[배콰점] 축하[추카] 좋겠어요[조켔써요]

- 시장이 **백화점**보다 쌀 거예요.
- 생일을 **축하**합니다.
- 편의점에서 사는 것이 **좋겠어요**.

Ⅴ. 정리해 봅시다

1. 어디에서 식료품을 자주 삽니까? 그곳을 소개하십시오.
2. 집 근처에서 식료품이나 생활용품을 파는 곳을 이야기해 봅시다.

06과 시장

2. 인터넷 쇼핑몰

MP3 / 14

• 학습 목표: 쇼핑 장소를 추천하는 내용을 이해할 수 있다.

Ⅰ. 준비해 봅시다

여기는 백화점입니다. 무슨 매장일까요? 알맞게 연결하십시오.

1) • • ❶ 여성복 매장

2) • • ❷ 패션 잡화 매장

3) • • ❸ 가전제품 매장

4) • • ❹ 스포츠용품 매장

Ⅱ. 들어 봅시다

1 대화를 듣고 앞으로 쇼핑하러 갈 곳에 ✔하십시오.

1)

❶ (　　　)

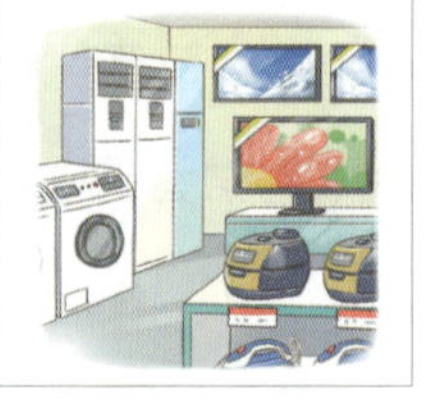

❷ (　　　)

2)

❶ (　　　)

❷ (　　　)

3)

❶ (　　　)

❷ (　　　)

4)

❶ (　　　)

❷ (　　　)

패션 잡화　가전제품　스포츠용품　장갑　축구화　식당가

2 이야기를 듣고 그림과 관계있는 사람을 보기 에서 골라 쓰십시오.

1) (　　　)　2) (　　　)　3) (　　　)　4) (　　　)

보기
주앙
에릭
흐엉
노라

[3-4] 대화를 듣고 질문에 답하십시오.

3 윤아 씨는 요즘 어디에서 자주 쇼핑합니까?

4 문장을 읽고 맞으면 O, 틀리면 X 하십시오.

1) 윤아 씨가 자주 쇼핑하는 곳에서는 여성복을 항상 싸게 살 수 있습니다. (　　)
2) 윤아 씨가 자주 쇼핑하는 곳 근처에 꽃집도 있습니다. (　　)

[5-7] 대화를 듣고 질문에 답하십시오.

5 올리비아 씨는 무엇을 사고 싶어 합니까?

6 올리비아 씨는 어디에서 물건을 사겠습니까?

7 맞는 것을 고르십시오. (　　)

① 올리비아 씨는 백화점에 가는 길입니다.
② 올리비아 씨는 인터넷 쇼핑을 해 본 적이 없습니다.
③ 미선 씨는 인터넷에서 물건을 본 후에 백화점에서 삽니다.
④ 미선 씨는 올리비아 씨하고 같이 물건을 사고 싶어 합니다.

인터넷 쇼핑　빙수　쿠폰　고속 터미널　상가　비교하다

생필품, 여성복, 가구를 사고 싶은데 어디에서 한번에 편하게 살 수 있을까요? 백화점 상품부터 마트의 생활용품, 식료품까지 몇 번의 클릭으로 편하게 주문하고 집에서 상품을 받을 수 있습니다.

여름에 가족들이 많이 더워 하나요? 에어컨을 사려고 하세요? 백화점 가전제품 매장에 갈 필요가 없어요. 우리 쇼핑몰에서 더 싸고 편하게 사세요.

더운 여름날 가족들이 삼계탕을 먹고 싶어 하지요? 그럼 삼계탕 재료를 준비해 보세요. 우리 쇼핑몰에서는 매주 특별 상품 몇 가지를 할인해서 싸게 쇼핑할 수 있습니다.

우리 쇼핑몰에서는 항상 할인하는 상품이 있고, 회원이 되면 생일 쿠폰도 드립니다. 생일이 있는 달에 더 많이 할인 받을 수 있습니다. 우리 쇼핑몰에서 싸고 편하게 쇼핑하세요.

GANA SHOPPING MALL

생필품　클릭　회원

1 어떤 쇼핑 장소를 광고합니까?

① 마트 ② 백화점 ③ 홈쇼핑 ④ 인터넷 쇼핑

2 맞지 않는 것을 고르십시오. (　　)

① 이곳에서는 회원의 생일에 할인 쿠폰을 줍니다.
② 이곳에서는 매주 특별히 할인하는 상품이 있습니다.
③ 이곳은 바쁘고 시간이 없는 사람들이 이용하면 좋습니다.
④ 에어컨은 가전제품 매장에 직접 가면 싸게 살 수 있습니다.

3 이 쇼핑몰의 좋은 점은 무엇입니까? 두 가지를 쓰십시오.

Ⅴ. 따라해 봅시다

<거센소리2> /ㅂ/+/ㅎ/ → [ㅍ]

패션 잡화[패션 자퐈] 입학[이팍] 답답해요[답따패요]

- 장갑은 **패션 잡화** 매장에서 팔아요.
- 조카의 **입학** 선물로 뭘 살까요?
- 쇼핑할 때 한국말을 잘 못해서 **답답해요**.

Ⅴ. 정리해 봅시다

1. 최근에 쇼핑한 곳을 친구들과 이야기해 봅시다.
2. 좋은 쇼핑 장소가 있습니까? 추천해 보십시오.

복습

MP3 / 15

1 다음을 읽고 질문에 답하십시오.

저는 한국에 온 지 3개월 됐습니다. 지금까지 서울의 여러 곳을 구경했습니다. 제가 제일 좋아하는 곳은 (　　　　)입니다. 그중에서 두 곳을 소개하겠습니다.

한국에서 유명한 동대문 시장은 여러 가지 물건도 많고 구경거리도 많아서 재미있게 쇼핑을 할 수 있습니다. 그리고 근처에서 맛있는 한국 음식도 먹을 수 있습니다. 물건을 항상 세일해서 파는 할인 매장도 있는데, 그 안에 여성복, 남성복, 패션 잡화 매장이 있어서 여러 가지 사고 싶은 것을 아주 싸게 살 수 있습니다.

얼마 전에는 반 친구들과 같이 광장 시장에 한 번 간 적이 있습니다. 거기에서 비빔밥과 빈대떡을 먹었습니다. 광장 시장에서 파는 비빔밥은 지금까지 먹어 본 비빔밥과 조금 달랐습니다. 그릇에다가 제가 좋아하는 채소를 골라서 넣고 고추장과 참기름을 조금 넣어 비벼서 먹었습니다. 내가 직접 만들어서 먹으니까 더 맛있는 것 같았습니다.

고향 친구들이 한국에 오면 같이 시장에 가 보십시오. 즐겁게 쇼핑도 하고 맛있는 한국 음식도 드셔 보십시오. 친구들이 쇼핑도 즐겁게 할 수 있고, 한국 음식도 맛있어 할 거예요.

1) 이 글은 무엇에 대한 글입니까? (　　)

① 한국 음식　② 고향 친구　③ 할인 매장　④ 한국의 시장

2) 맞지 않는 것을 고르십시오. (　　)

① 이 사람은 3개월 전에 한국에 왔습니다.
② 시장에서 한국 음식을 먹을 수 있습니다.
③ 이 사람은 고향 친구들과 광장 시장에 가 봤습니다.
④ 동대문 시장에 물건을 항상 싸게 파는 매장이 있습니다.

3) 빈칸에 들어갈 알맞은 말을 쓰십시오.

2 대화를 듣고 질문에 답하십시오.

1) **남자는 친구와 무엇을 할까요? 순서대로 쓰십시오.**

① 쇼핑을 합니다. ② 김치볶음밥을 만듭니다.
③ 김치볶음밥을 먹습니다. ④ 마트에서 물건을 삽니다.

(　　) → (　　) → (　　) → (　　)

2) **맞는 것을 고르십시오. (　　)**

① 여자의 가족이 내일 한국에 옵니다.
② 여자는 김치볶음밥 만드는 방법을 모릅니다.
③ 남자는 마트에서 채소와 과일을 살 것입니다.
④ 남자의 고향 친구는 한식집에 가고 싶어 합니다.

문화

광장 시장

광장 시장은 서울 종로에 있는 100년이 넘은 오래된 시장입니다. 서울 중심에 있기 때문에 외국인 관광객이 많고 한국 사람들에게도 오랜 시간 동안 사랑을 받고 있는 시장입니다. 이곳에는 전통 한복 가게와 이불 가게가 아주 많습니다. 특히, 여러 가지 한국 음식을 먹을 수 있는 먹거리 골목이 있어서 유명합니다. 빈대떡과 비빔밥, 김밥, 육회 등이 아주 유명해서 하루 종일 맛있는 한국 전통 음식을 찾는 사람들의 발길이 끊이지 않습니다.

1. **사람들이 왜 광장 시장에 많이 갈까요?**
2. **여러분 나라의 유명한 시장을 소개해 보십시오.**

빈대떡　김치볶음밥　간을 보다

07과 쇼핑

1. 사고 싶은 물건

MP3 / 16

• 학습 목표: 물건을 사는 상황과 사고 싶은 물건을 묘사하는 내용을 이해할 수 있다.

Ⅰ. 준비해 봅시다

문장을 읽고 맞는 색깔과 옷을 연결하십시오.

1) 검은색 양복을 사고 싶어요.

2) 흰색 블라우스를 입고 있어요.

3) 분홍색 원피스가 어울릴까요?

4) 아이들이 하늘색 운동복을 입었네요.

Ⅱ. 들어 봅시다

1 어디에서 하는 말입니까? 문장을 듣고 알맞은 그림을 고르십시오.

1) (　　)　2) (　　)　3) (　　)　4) (　　)

① 

② 

③ 

④ 

양복　흰색　블라우스　분홍색　원피스　하늘색　운동복　어울리다　에스엔에스(SNS)

2 이야기를 듣고 이 장소에서 해도 되는 일에 모두 ○ 하십시오.

[3-4] 대화를 듣고 질문에 답하십시오.

3 남자는 무엇을 사러 왔습니까? 왜 그 옷이 필요합니까?

옷	
필요한 이유	

4 맞으면 ○, 틀리면 X 하십시오.

1) 요즘 젊은 사람들은 검은색 옷을 좋아합니다. (　　)

2) 남자는 회색 옷을 입어 보겠습니다. (　　)

[5-7] 대화를 듣고 질문에 답하십시오.

5 여기는 어디입니까?

6 여자는 무엇을 샀습니까?

회색　디자인　립스틱　유행이다　로션

7 맞는 것을 고르십시오. (   )

❶ 뒤에 있는 립스틱을 발라도 됩니다.

❷ 점원은 이 로션을 써 본 적이 없습니다.

❸ 이 립스틱은 인기 가수 때문에 유행입니다.

❹ 로션을 한 개 사면 한 개 더 받을 수 있습니다.

깜스's 블로그

깜스(kks7752)
< 멋을 아는 사람들>

카카오톡 아이디: kks7752

프로필 > 쪽지 > 이웃추가

- 프롤로그
- 블로그
- 여자 스타일
- 남자 스타일
- 데일리 룩
- 패션 피플
- 내 이야기

데일리 룩 (68)

여름에 신을 운동화 베스트3!

오늘은 여름에 신기 좋은 운동화를 소개하겠습니다. 요즘 제일 인기 있는 스포츠용품 회사 세 곳의 운동화를 골랐습니다.

A 운동화 ★★★★

모양이 예쁘고 색깔도 여러 가지여서 여자들이 좋아할 것 같습니다. 운동할 때 신어도 되고 보통 때 신어도 좋습니다. 운동화 안으로 바람이 잘 들어와서 아주 시원합니다. 세탁기에 넣어도 됩니다.

B 운동화 ★★★

큰 사이즈도 있어서 발이 아주 큰 남자들도 신을 수 있습니다. 신발 안으로 물이 들어오지 않게 만들었기 때문에 비가 오는 날 신고 나가도 됩니다. 하지만 색깔이 흰색만 있어서 쉽게 더러워지니까 깨끗하게 신어야 합니다. 세탁기에 넣으면 안 됩니다.

C 운동화 ★★★★★

디자인이 아주 예쁘지는 않지만 운동할 때 매우 좋습니다. 가볍고 편해서 신발을 신지 않은 기분이 듭니다. 운동화에 이름을 써 주는 서비스가 있어서 나만의 운동화를 특별히 주문할 수 있습니다. 세탁기에 넣어도 됩니다.

베스트　모양　매우

1 무엇을 소개하는 글입니까?

2 관계있는 것과 연결하십시오.

1) A 운동화 •
2) B 운동화 •
3) C 운동화 •

• ❶ 가볍고 편합니다.
• ❷ 디자인이 예쁩니다.
• ❸ 비가 오는 날 신으면 좋습니다.
• ❹ 바람이 잘 들어와서 시원합니다.
• ❺ 발이 큰 남자가 신을 수 있습니다.
• ❻ 이름을 써 주는 서비스가 있습니다.

3 맞으면 O, 틀리면 X 하십시오.

1) 세 운동화는 같은 회사의 운동화입니다. ( )
2) 세 운동화 모두 세탁기에 넣으면 안 됩니다. ( )
3) 이 사람은 C 운동화가 제일 좋습니다. ( )

Ⅳ. 따라해 봅시다

<거센소리 3> /ㄷ/ + /ㅎ/ → [ㅌ] /ㅎ/ + /ㄷ/ → [ㅌ]

깨끗하게 [깨끄타게] 못합니다 [모탐니다] 좋다 [조타]

- 운동화를 **깨끗하게** 신어야 합니다.
- 이 가게에서는 카드로 사지 **못합니다**.
- 새로 산 바지가 참 **좋다**.

Ⅴ. 정리해 봅시다

1. 여러분이 사고 싶은 물건은 무엇입니까?
2. 친구가 입고 있는 옷을 설명해 보십시오.

07과 쇼핑

2. 물건 소개

MP3 / 17

• 학습 목표: 산 물건을 소개하고 팔고 싶은 물건을 묘사하는 내용을 이해할 수 있다

Ⅰ. 준비해 봅시다

문장을 읽고 이어질 단어를 연결하십시오.

1) 신발을 신어 봤는데 사이즈가 ______ • • ❶ 어두워요

2) 바닷가에서 입는 셔츠는 보통 디자인이 ______ • • ❷ 비슷해요

3) 이 옷은 색깔이 좀 ______ • • ❸ 잘 맞아요

4) 제가 산 가방이 친구의 가방과 모양이 ______ • • ❹ 화려해요

Ⅱ. 들어 봅시다

1 문장을 듣고 이어질 말을 연결하십시오.

1) • • ❶ 물건을 얼마나 많이 샀는지 몰라요.

2) • • ❷ 쇼핑백이 얼마나 무거운지 몰라요.

3) • • ❸ 쇼핑을 얼마나 자주 하는지 몰라요.

4) • • ❹ 쇼핑하기가 얼마나 편한지 몰라요.

사이즈 비슷하다 맞다 화려하다 쇼핑백

2 문장을 듣고 맞는 그림에 ✔하십시오.

1)

❶ (　　)　❷ (　　)

2)

❶ (　　)　❷ (　　)

3)

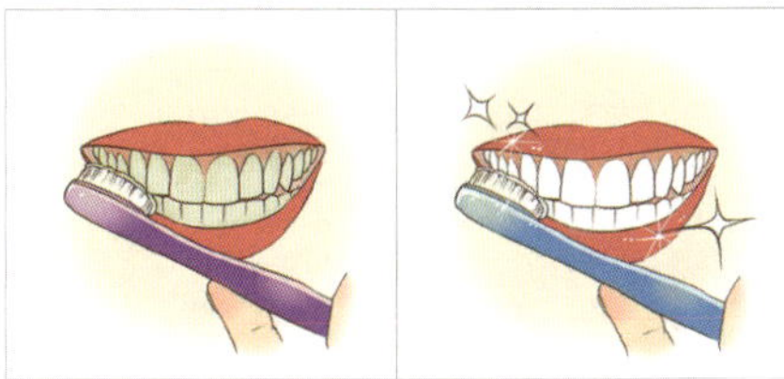

❶ (　　)　❷ (　　)

4)

❶ (　　)　❷ (　　)

[3-4] 대화를 듣고 질문에 답하십시오.

3 유키 씨는 이 목걸이를 보면 왜 좋습니까?

4 맞으면 O, 틀리면 X 하십시오.

1) 유키 씨의 외할머니께서 이 목걸이를 사 주셨습니다. (　　)

2) 이 목걸이의 디자인은 요즘 유행이 아닙니다. (　　)

[5-7] 대화를 듣고 질문에 답하십시오.

5 레오 씨는 어디에서 노트북을 샀습니까? (　　)

❶ 백화점　❷ 마트　❸ 홈 쇼핑　❹ 인터넷

까맣다　파랗다　하얗다　빨갛다　사실　의미　마트　홈 쇼핑

6 레오 씨의 새 노트북은 어떻습니까?

7 맞는 것을 고르십시오. (　　)

❶ 주앙 씨는 이번에 작은 노트북을 샀습니다.
❷ 레오 씨는 노트북을 사러 백화점에 가 봤습니다.
❸ 홈 쇼핑은 전화를 하면 설명을 들을 수 있습니다.
❹ 레오 씨가 전에 사용한 노트북은 사이즈가 너무 컸습니다.

중고나라

전체글보기 | 공지사항 | 중고판매 | 가구

카페정보 나의활동

매니저 tnqlsrnt1234

숲 16,252,456

즐겨찾는 멤버 3,567,246
게시판 수 235,356
접속자 수 36,678

초대 채팅

카페글쓰기

검색

게시판
- 이벤트 체험판
  - ㄴ당첨자발표/종료이벤트
- 공지사항
- 등업신청
- 안전결제이용방법

중고나라판매
- ㄴ 의류
- ㄴ 가구
- ㄴ 전자제품
- ㄴ 식품

행복나눔

우리 이야기

사기신고

^이전글 다음글∨ 목록

식탁 & 의자 팝니다.

ID: yschoi　　이메일: yschoi @yonsei.com

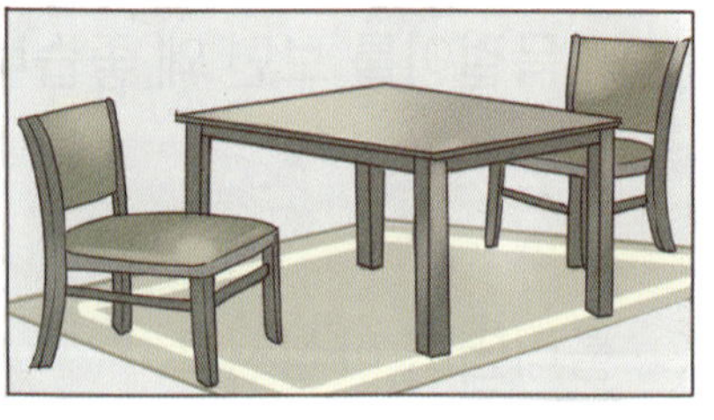

두 명이 쓸 수 있는 작은 식탁 하나와 편한 의자 두 개입니다. 산 지 1년이 조금 지났는데 아주 깨끗합니다. 이제 유학 생활이 끝나고 고향에 돌아가기 때문에 팔려고 합니다. 제가 마트에서 샀을 때 값은 25만원이었는데 여기에서는 10만원에 팔겠습니다.

식탁은 어두운 갈색이고 의자는 까만색입니다. 무늬가 없는 단순한 디자인이기 때문에 어디에나 잘 어울릴 거예요.

저는 이 식탁에서 식사도 하고 공부도 했습니다. 사이즈가 크지는 않지만 책을 여러 권 놓고 공부할 수 있고 무거운 물건을 올려도 됩니다. 얼마나 튼튼한지 몰라요.

물건을 사시면 의자에 놓을 수 있는 방석을 드리겠습니다. 체크무늬가 있는 파란색 방석인데 식탁과 잘 어울리고 쉽게 더러워지지 않아서 좋습니다.

관심이 있으신 분들은 저에게 이메일을 보내 주십시오.

갈색　무늬　단순하다　올리다　체크무늬　넘다

1 이 사람이 팔고 싶어 하는 물건은 무엇입니까? 값은 얼마입니까?

물건	값

2 물건의 색깔과 무늬를 찾아 연결하십시오.

❶ 까만색 •	• 1) 식탁 •	• ❹ 무늬가 없다
❷ 파란색 •	• 2) 의자 •	• ❺ 체크무늬
❸ 어두운 갈색 •	• 3) 방석 •	

3 맞는 것을 고르십시오. (   )

❶ 식탁은 무겁기 때문에 아주 튼튼합니다.
❷ 의자에 놓을 방석을 싸게 살 수 있습니다.
❸ 식탁과 의자를 사용한 지 1년이 넘었습니다.
❹ 고향에 있는 마트에서 이 식탁과 의자를 샀습니다.

Ⅳ. 따라해 봅시다

<거센소리 4> /ㅈ/ + /ㅎ/ → [ㅊ] /ㅎ/ + /ㅈ/ → [ㅊ]

않지만 [안치만] 좋지요 [조치요] 꽂혀 [꼬쳐]

- 식탁이 크지 **않지만** 튼튼합니다.
- 이 노트북이 정말 튼튼하고 **좋지요**?
- 꽃병에 꽃이 **꽂혀** 있어요.

Ⅴ. 정리해 봅시다

1. 여러분이 좋아하는 물건을 친구에게 소개하십시오.
2. 한국에서 산 물건이 있으면 소개하십시오.

08과 초대

1. 모임 초대

MP3 / 18

• 학습 목표: 모임을 소개하고 초대하는 내용을 이해할 수 있다.

Ⅰ. 준비해 봅시다

문장을 읽고 알맞은 것을 연결하십시오.

1) 고등학교를 졸업한 후에 친구들이 오랜만에 다시 만났습니다. •	• ❶ 송별회
2) 친구가 다음 주에 고향에 돌아가기 때문에 이번 주말에 반 친구들과 파티를 하려고 합니다. •	• ❷ 동창회
3) 우리는 모두 수영을 좋아하는 친구들이어서 같이 수영을 하려고 토요일마다 만납니다. •	• ❸ 환영회
4) 학교에 새 학생이 들어와서 환영하려고 같이 밥을 먹으러 갑니다. •	• ❹ 동아리

Ⅱ. 들어 봅시다

1 친구들이 주말에 무엇을 하겠습니까? 문장을 듣고 알맞은 그림을 고르십시오.

1) ( ) 2) ( ) 3) ( ) 4) ( )

❶

❷

❸

❹

동아리 동창회 동호회 모임 송별회 환영회 환영하다 초대하다

2 대화를 듣고 맞는 그림에 ✔하십시오.

1)

❶ (   ) ❷ (   )

2)

❶ (   ) ❷ (   )

3)

❶ (   ) ❷ (   )

4)

❶ (   ) ❷ (   )

[3-4] 대화를 듣고 질문에 답하십시오.

3 두 사람은 어떤 모임에 대해서 이야기합니까? (   )

❶ 동창회 ❷ 송별회 ❸ 환영회 ❹ 뒤풀이

4 맞으면 O, 틀리면 X 하십시오.

1) 윤아 씨는 이번 금요일에 모임에 가겠습니다. (   )
2) 존 씨가 윤아 씨를 모임에 초대했습니다. (   )

[5-7] 대화를 듣고 질문에 답하십시오.

5 두 사람은 무슨 동호회에 대해 이야기합니까? (   )

❶ 여행 동호회 ❷ 맛집 동호회 ❸ 사진 동호회 ❹ 게임 동호회

6 맞지 않는 것을 고르십시오. (   )

❶ 흐엉 씨는 한국말을 잘 못합니다.
❷ 동호회 모임 사람들은 친절하고 재미있습니다.
❸ 흐엉 씨는 이 동호회 모임에 가 본 적이 있습니다.
❹ 올리비아 씨는 이번 주말에 동호회 모임에 갑니다.

서두르다 보라색 뒤풀이 맛집

7 두 사람은 언제 어디에서 만나겠습니까?

3학년 2반 친구들에게

얘들아 안녕? 오랜만이야. 고등학교를 졸업하고 한 번도 못 봤으니까 우리가 만난 지 3년 정도 됐지? 다들 졸업하고 어떻게 지냈어? 그동안 잘 지냈어?

내가 이렇게 초대장을 보내는 이유는 동창회 모임 때문이야. 곧 신촌 고등학교 3학년 2반 동창회를 하려고 하는데 모두 동창회에 꼭 왔으면 좋겠어. 모두 보고 싶으니까 바쁜 일이 없으면 이번 동창회에 꼭 나와.

오랜만에 친구들을 만나서 맛있는 것도 먹고 재미있는 이야기도 할 거야. 선생님께서도 그날 우리를 보러 오실 것 같아. 밥을 먹은 후에는 다 같이 노래방에 갈까 하는데 혹시 다른 좋은 장소가 있으면 나에게 이야기해 줘. 다 같이 사진도 찍을 거니까 예쁘게 하고 와.

미진이는 외국에서 유학 중이어서 못 올 것 같은데 혹시 그날 못 오는 사람이 있으면 나에게 미리 연락해 줘. 그럼 동창회 날에 만나.

혜진이가

일시 20**년 5월 20일 저녁 6시 반
장소 신촌 북경반점

초대장 미리 다들

1 이 사람은 왜 이 글을 썼습니까?

2 맞지 않는 것을 고르십시오. (   )

① 동창회에서 다 같이 사진을 찍겠습니다.
② 동창회가 끝난 후에 노래방에 갈까 합니다.
③ 친구들은 졸업하고 3년 동안 못 만났습니다.
④ 동창회는 5월 20일 오전에 북경반점에서 합니다.

3 이 동창회에는 누가 오지 않습니까? (   )

① 3학년 2반 친구들　② 선생님　③ 미진이　④ 혜진이

Ⅳ. 따라해 봅시다

<된소리 1>

/ㄲ/	/ㄸ/	/ㅃ/	/ㅆ/	/ㅉ/
꼭	또	예쁘게	써서	찍다

- 사진도 **예쁘게 찍**을 거니까 **꼭** 와.
- **또** 밥을 먹은 후에는 노래방에도 갈 거야.
- 초대장을 **써서** 친구에게 보냈어요.

Ⅴ. 정리해 봅시다

1. 여러분은 모임에 가 본 적이 있습니까? 어떤 모임이었습니까?
2. 언제 사람들을 초대합니까?
   사람들을 모임에 초대할 때 무엇을 준비해야 합니까?

08과 초대

2. 집들이 선물

MP3 / 19

• 학습 목표: 선물 준비와 집들이에 관련된 내용을 이해할 수 있다.

Ⅰ. 준비해 봅시다

친구에게 어떤 선물을 하겠습니까? 주고 싶은 선물을 연결하십시오.

1) 친구가 이사를 해서 집들이에 초대를 받았습니다. •

2) 아파서 병원에 있는 친구의 병문안을 갑니다. •

3) 친구들과 크리스마스 파티를 하려고 합니다. •

4) 친구가 결혼을 해서 그 친구에게 선물을 주고 싶습니다. •

• ① 

• ② 

• ③ 

• ④ 

• ⑤ 

• ⑥ 

• ⑦ 

• ⑧ 

Ⅱ. 들어 봅시다

1 대화를 듣고 알맞은 그림을 고르십시오.

1) (　　)　　2) (　　)　　3) (　　)　　4) (　　)

①

②

③

④

과일　집들이　와인　병문안

2 이야기를 듣고 누가 무엇을 준비했는지 보기 에서 찾아서 쓰십시오.

보기

불고기　　샴페인　　디지털 카메라　　화분

레오	
유키	
하늘	
흐엉	

[3-4] 대화를 듣고 질문에 답하십시오.

3 노라 씨는 왜 선물을 사려고 합니까?

4 맞으면 O, 틀리면 X 하십시오.

1) 노라 씨는 커피와 차를 자주 마십니다. (　　)
2) 백화점에 싸고 예쁜 찻잔이 많습니다. (　　)

[5-7] 대화를 듣고 질문에 답하십시오.

5 오늘 파티에는 누가 오지 않습니까? (　　)

① 존　　② 하늘　　③ 노라　　④ 제임스

6 맞으면 O, 틀리면 X 하십시오.

1) 이 모임은 집들이입니다. (　　)
2) 이 사람들은 갈비찜과 샐러드를 먹겠습니다. (　　)
3) 친구가 오기 전에 먼저 식사를 시작하겠습니다. (　　)

7 사람들이 무슨 선물을 사 왔습니까? 모두 쓰십시오.

찻잔　샴페인　디지털 카메라　화분　빈손　급하다　갈비찜　샐러드

Ⅲ. 읽어 봅시다

에릭
오늘 리타오 집들이가 있는 거 알고 있지? 오전9:47

흐엉
그럼. 근데 집들이에 뭘 사 가지고 가지? 오전9:47

에릭
글쎄...... 지난번에 보니까 집에 시계가 없는 것 같았는데 시계를 선물하는 건 어때? 오전9:47

민준
그거 괜찮을 것 같아. 벽에 걸 수 있는 큰 시계로 살까? 오전9:48

흐엉
벽시계는 사지 마. 중국에서 시계는 끝의 의미를 가지고 있어서 선물하면 안 돼. 오전9:48

에릭
그럼 한국에서는 집들이에 초대를 받으면 뭘 사 가지고 가? 오전9:48

민준
보통 휴지나 비누, 세제 같은 생활용품을 많이 선물해. 근데 요즘에는 향초나 디퓨저 같은 것도 선물로 인기가 있어. 오전9:48

흐엉
그럼 우리는 휴지를 사 가지고 갈까? 휴지는 많이 쓰는 물건이니까. 오전9:49

민준
그래. 그리고 화장실에 놓을 디퓨저도 하나 사 가지고 가. 리타오가 좋아할 거야. 오전9:49

에릭
큰 두루마리 휴지로 사 가면 되지? 오전9:49

흐엉
디퓨저는 내가 살까? 오전9:49

민준
좋아. 그럼 다들 이따가 학교 앞에서 5시 반에 봐. 오전9:49

흐엉
알겠어. 오전9:49

벽시계 끝 향초 디퓨저 두루마리

1 세 사람은 오늘 어떤 모임에 갑니까?

2 왜 리타오에게 시계를 선물하지 않습니까? (   )

❶ 가게에 큰 시계가 없었기 때문에
❷ 리타오 씨 집에 시계가 있기 때문에
❸ 시계가 너무 비싸서 살 수 없기 때문에
❹ 중국에서는 시계에 끝의 의미가 있기 때문에

3 맞지 않는 것을 고르십시오. (   )

❶ 세 사람은 친구입니다.
❷ 선물로 휴지와 디퓨저를 사 가려고 합니다.
❸ 한국에서는 생활용품을 선물하지 않습니다.
❹ 세 사람은 5시 30분에 학교 앞에서 만나겠습니다.

Ⅳ. 따라해 봅시다

<된소리 2> 받침 [ㄱ, ㄷ, ㅂ] 뒤의 /ㄱ/ →[ㄲ]

학교[학꾜] 받기[받끼] 입고[입꼬]

- 이따가 **학교** 앞에서 만나겠습니다.
- 선물을 **받기**가 좀 미안하네요.
- 편한 옷을 **입고** 집들이에 갈까 해요

Ⅴ. 정리해 봅시다

1. 친구의 집에 갈 때 무엇을 사 가지고 갑니까?
2. 여러분 고향에서는 집들이에 선물하는 특별한 물건이 있습니까?

복습

MP3 / 20

1 대화를 듣고 질문에 답하십시오.

1) **누가 어디에 초대를 했습니까?**

　　　이/가 　　　에 초대했습니다.

2) **맞는 것을 고르십시오. (　　)**

❶ 이 모임에는 윤아 씨도 오겠습니다.
❷ 하늘 씨는 혼자 샤브샤브와 잡채를 준비합니다.
❸ 유키 씨는 같이 먹을 음식을 사 가지고 가겠습니다.
❹ 다음 주 금요일에 두 사람은 커피숍에서 만나겠습니다.

3) **맞으면 O, 틀리면 X 하십시오.**

❶ 만나서 같이 맛있는 음식도 먹고 영화도 보겠습니다. (　　)
❷ 유키 씨는 7시까지 모임에 가야 합니다. (　　)

2 다음을 읽고 질문에 답하십시오.

저는 다음 주에 친구 집들이에 초대를 받았습니다. 한국 사람 집에 처음 가 보는 것이어서 얼마나 기대가 되는지 모릅니다. 친구 집에 빈손으로 가면 안 되기 때문에 친구에게 줄 선물과 꽃다발을 사 가지고 집들이에 갈까 합니다.

그래서 친구 선물을 사러 남대문 시장에 갔습니다. 남대문 시장에서는 여러 가지 특별한 물건들을 살 수 있고, 계산을 카드로 해도 됩니다. 친구에게 예쁜 벽시계가 있으면 좋을 것 같아서 가게에서 벽시계를 골랐습니다. 처음 본 벽시계는 크고 화려한 까만색 시계였습니다. 친구가 이사한 곳은 작은 원룸이기 때문에 이 큰 시계는 어울리지 않을 것 같았습니다.

그다음에 본 벽시계는 하얗고 귀여운 강아지 그림이 있는 시계였습니다. 그런데 생각보다 비싸서 그 시계를 살 수 없었습니다. 마지막으로 본 벽시계는 디자인은 단순하지만 크기도 작고 친구가 좋아하는 파란색 시계였습니다. 그래서 이 시계를 골랐습니다. 아저씨가 물건 값을 많이 깎아 주셔서 싸게 샀습니다. 이 시계가 친구 마음에 들었으면 좋겠습니다.

1) **이 사람이 산 벽시계는 어떻습니까?**

2) **맞는 것을 고르십시오. (　　)**

❶ 전에 한국 사람의 집에 가 본 적이 있습니다.

❷ 남대문 시장에서는 카드로 계산할 수 없습니다.

❸ 두 번째로 본 시계는 다른 시계보다 좀 비쌌습니다.

❹ 처음 본 시계는 커서 친구 방에 잘 어울릴 것 같습니다.

문화

집들이 선물

한국 사람들은 보통 집들이 선물로 휴지나 비누, 세제 등 생활용품을 많이 선물합니다. 휴지는 나쁜 일을 닦아내고, 모든 일이 잘 풀리기를 바란다는 의미로 선물합니다. 비누나 세제는 거품처럼 돈이 많아지고 좋은 일이 많이 생기기를 바란다는 뜻으로 선물합니다. 하지만 집들이에 선물하면 안 되는 물건도 있습니다. 사람과 사람 사이의 관계를 끊어버린다는 의미가 있어서 칼이나 가위는 집들이에 선물하지 않습니다.

1. **한국에서는 집들이에 어떤 물건을 많이 선물합니까?**
2. **여러분 고향에도 다른 사람 집을 방문할 때 선물하면 안 되는 물건이 있습니까?**

샤브샤브　세제

09과 약속

1. 약속 시간과 장소 정하기

MP3 / 21

• 학습 목표: 만남이나 모임을 위해 친구와 약속하는 내용을 이해할 수 있다.

Ⅰ. 준비해 봅시다

잘못 말하는 사람을 고르십시오.

1) 

2) 

3) 

4) 

Ⅱ. 들어 봅시다

1 문장을 듣고 관계가 있는 그림과 연결하십시오.

1) 

• • ①

2) 

• • ②

3) 

• • ③

4) 

• • ④

아/야 저희 선배 전혀 앞으로 바로

2 대화를 듣고 알맞은 그림과 연결하십시오.

1) 2) 3) 4)

❶

❷

❸

❹

[3-4] 대화를 듣고 질문에 답하십시오.

3 두 사람은 무엇에 대해 이야기합니까?

❶ 주말 계획 ❷ 생일 파티 약속

❸ 아르바이트 시간 ❹ 동아리 모임 약속

4 맞으면 O, 틀리면 X 하십시오.

1) 이 사람들은 토요일 7시에 만날 것이다. ( )

2) 두 사람은 모임 장소를 결정했다. ( )

[5-7] 대화를 듣고 질문에 답하십시오.

5 두 사람은 무슨 약속을 합니까? ( )

❶ 전화할 약속 ❷ 주말에 만날 약속

❸ 방학에 만날 약속 ❹ 고향에 돌아갈 약속

벌써 너희 그래 이가/가 무척

6 타오에 대해 맞는 것을 고르십시오. (　　)

❶ 타오는 방학 계획이 없다.
❷ 타오는 방학에 한국에 있다.
❸ 타오는 한강 공원에 가 본 적이 없다.
❹ 타오는 토요일에 민재를 한강 공원에서 만난다.

7 맞으면 O, 틀리면 X 하십시오.

1) 두 사람 모두 주말에 약속이 없었다. (　　)
2) 한강 공원에 가는 길이 어렵지 않다. (　　)

III. 읽어 봅시다

> 다음글 　　　　　　　　　　　　　　　　　　　　목록

여러분, 안녕하세요? 자유게시판 　　　　　　　　2018. 09.02. 16:40 | 삭제

여러분, 안녕하세요? 존입니다. 여름 방학이 끝나고 드디어 가을 학기가 시작됐습니다. 길고 더운 여름이 가고 시원한 가을이 온 것을 축하하면서 다 같이 모여서 즐거운 시간을 보냅시다. 여기에 원하는 시간과 장소를 써 주세요.

↳ **주말 아르바이트 중** 안녕? 잘 지냈니? 난 주말에 바빠서 주말에는 안 될 것 같아.

↳ **너무 심심해 ㅜㅜ** 오랜만이다! 난 요즘 너무 심심하다. 언제나 좋아~

↳ **바쁘다 바빠!** 나 다음 주부터 인턴 시작한다!!! 빨리 만나면 좋겠다.

↳↳ **모여야 한다** 그럼 이번 주 금요일에 만날까? 모두 금요일 괜찮니?

↳ **주말 아르바이트 중** 금요일 좋아. 시간은 저녁 6시가 어때?

↳ **바쁘다 바빠!** 6시 좋다! 근데 내가 바빠서 멀리 가는 건 안 된다.
학교 앞에서 만나는 건 어떠니?

↳ **모여야 한다** 좋아. 그럼 학교 앞에서 만나. 그런데 타오가 아무 말이 없네.

↳↳ **너무 심심해 ㅜㅜ** 내가 타오에게 연락할게.

↳ **모여야 한다** 고맙다. 그럼 내가 학교 근처 식당 알아보고 예약할게.
모두 이번 금요일 6시에 학교 앞에서 만나~

드디어 　학기 　모이다 　원하다 　인턴

1 이 사람들은 언제 어디에서 만납니까?

약속 시간	약속 장소

2 맞는 것을 고르십시오. (   )

① 곧 여름 방학이 시작된다.
② 윤아는 주말에는 만날 시간이 없다.
③ 주앙은 방학 중에 존을 자주 만났다.
④ 하늘이는 너무 바빠서 모임에 갈 수 없다.

3 앞으로 존과 주앙은 뭘 할까요?

존	주앙

Ⅳ. 따라해 봅시다

<된소리 3> 받침 [ㄱ, ㄷ, ㅂ] 뒤의 /ㄷ/ → /ㄸ/

좋겠다[조켇따] 고맙다[고맙따] 식당[식땅]

- 금요일에 만나면 **좋겠다**.
- 연락해 줘서 **고맙다**.
- 이 근처에 맛있는 **식당을** 알아요?

Ⅴ. 정리해 봅시다

1. 여러분은 언제 어디에서 친구와 자주 만납니까?
2. 친구들과 반 모임 약속을 해 보십시오.

09과 약속

2. 약속 바꾸기

MP3 / 22

• 학습 목표: 약속을 바꾸거나 취소하는 내용을 이해할 수 있다.

I. 준비해 봅시다

'오늘' 사람들이 하는 이야기입니다. 이야기를 보고 달력에 표시하십시오.

1) 

2) 

3) 

4) 

4월

SUN	MON	TUE	WED	THU	FRI	SAT
	1	2	3	4	5	6
7	8	9	10	11	12	13
14	15	16	17	18	19	20 오늘
21	22	23	24	25	26	27
28	29	30				

서른 살 생일, 고향에 간 날
동아리 모임, 친구 생일 파티

II. 들어 봅시다

1 문장을 들은 사람이 할 행동을 고르십시오.

1) (　　)　2) (　　)　3) (　　)　4) (　　)

① 

② 

③ 

④ 

사흘　열흘　닷새　이틀　서른 살　씻다

2 이야기를 듣고 지난주에 한 것에 모두 ✔하십시오.

( )　( )　( )　( )　( )

[3-4] 대화를 듣고 질문에 답하십시오.

3 윤아는 왜 전화했습니까? ( )

❶ 생일 파티에 늦을 것 같아서
❷ 생일 파티에 못 갈 것 같아서
❸ 생일 파티를 취소하고 싶어서
❹ 생일 파티 약속을 하고 싶어서

4 맞으면 O, 틀리면 X 하십시오.

1) 윤아는 아르바이트 가게에서 한 시간 일한다. ( )
2) 두 사람은 같이 생일 파티에 갈 것이다. ( )

[5-7] 대화를 듣고 질문에 답하십시오.

5 두 사람은 무슨 이야기를 합니까? ( )

❶ 고향 방문 약속　❷ 주말 약속 취소
❸ 흐엉 아버지의 출장 계획　❹ 흐엉 아버지를 만날 약속

취소　연습　축하　지키다　갑자기　어쩔 수 없다

6 맞는 것을 고르십시오. (　　)

❶ 흐엉의 아버지는 한국 회사원이다.
❷ 흐엉은 아버지와 같은 회사에 다닌다.
❸ 정민이는 흐엉의 아버지를 만날 것이다.
❹ 정민이는 흐엉의 연락을 기다릴 것이다.

7 흐엉의 아버지는 한국에 며칠 동안 계십니까?

타오야, 왜 전화 안 받니?
전화 좀 잘 받아라.
내일 우리 하숙집
소풍이 취소됐다.
주인아주머니께서 몸이
안 좋으셔서 소풍을 갈 수
없게 됐어. 심심하면 나한테
연락해라. 농구 게임하자.

-옆방 형-

에릭 씨, 안녕하십니까?
세계 무역 회사 김진태입니다.
여러 번 전화 드렸지만 연락이
되지 않아서 문자를 드립니다.
제가 급한 일 때문에 내일
갑자기 출장을 가게 됐습니다.
화요일 약속을 사흘 후로
연기해도 되겠습니까? 정말
죄송합니다. 문자 보시면 연락
주십시오.

주앙아, 할머니다. 반찬 놓고 가니까
맛있게 먹어라. 요즘 날씨가 더워서 생선 요리는
금방 못 먹게 되니까 빨리 먹어라.
고모 집들이는 연기된 거 알지? 고모 집에
일이 생겨서 일주일 뒤에 하게 됐다.
그때 보자.
사랑한다. 내 손자.

몸　일주일　금방

1 약속을 어떻게 바꿨습니까? 또는 바꾸고 싶어합니까? 연결하십시오.

1) 타오 하숙집 소풍 •	• ❶ 취소
2) 주앙 고모 집들이 •	• ❷ 3일 뒤로 연기
3) 에릭과 김진태의 약속 •	• ❸ 7일 뒤로 연기

2 맞는 것을 고르십시오. (   )

❶ 세 사람은 모두 약속을 잘 안 지킨다.
❷ 타오는 옆방 형과 농구 게임 약속을 했다.
❸ 주앙은 할머니 집에서 할머니와 같이 산다.
❹ 김진태 씨는 회사 일 때문에 약속을 바꾸고 싶어 한다.

3 메시지를 보고 꼭 연락해야 하는 사람은 누구입니까? (   )

❶ 타오　　❷ 주앙　　❸ 에릭　　❹ 세 사람 모두

Ⅳ. 따라해 봅시다

<된소리 3>　받침 [ㄱ,ㄷ,ㅂ] 뒤의 /ㅈ/ → /ㅉ/

갑자기[갑짜기]　숙제[숙쩨]　듣지[듣찌]

- **갑자기** 출장을 가게 됐습니다.
- **숙제를** 하지 못해서 걱정이에요.
- 아무도 그 소리를 **듣지** 못했어요.

Ⅴ. 정리해 봅시다

1. 무슨 일 때문에 약속을 취소하게 됩니까?
2. 친구와 한 약속 시간을 바꾸고 싶습니다. 어떻게 말합니까?

10과

부탁

1. 친구에게 부탁하기

MP3 / 23

• 학습 목표: 개인적으로 부탁하고 부탁 받는 내용을 이해할 수 있다.

Ⅰ. 준비해 봅시다

다음 그림의 상황과 맞는 것을 보기에서 골라 쓰십시오.

1) 2) 3) 4)

(   ) (   ) (   ) (   )

보기

부탁을 하다 부탁이 있다 부탁을 받다 부탁을 들어주다

Ⅱ. 들어 봅시다

1 문장을 듣고 알맞은 대답을 연결하십시오.

1) •	• ① 네, 여기에 쓰면 될까요?
2) •	• ② 네, 다시 말씀 드릴게요.
3) •	• ③ 어떻게 하지? 나도 지금 바쁜데.
4) •	• ④ 어제 배운 문법인데 내가 가르쳐 줄게.

부탁을 하다 부탁이 있다 부탁을 받다 부탁을 들어주다 입국

2 대화를 듣고 다음에 이어질 상황에 ✔하십시오.

1)

❶ (　　) ❷ (　　)

2)

❶ (　　) ❷ (　　)

3)

❶ (　　) ❷ (　　)

4)

❶ (　　) ❷ (　　)

[3-4] 대화를 듣고 질문에 답하십시오.

3 에릭 씨는 우진 씨에게 무엇을 빌리려고 합니까?

4 맞으면 O, 틀리면 X 하십시오.

1) 우진 씨는 에릭 씨의 부탁을 들어줬다. (　　)

2) 에릭 씨는 한국말을 잘 못해서 서비스 센터에 가지 않았다. (　　)

[5-7] 대화를 듣고 질문에 답하십시오.

5 존 씨가 원하는 것은 무엇입니까? 모두 고르십시오. (　 ,　)

❶ 공책을 빌린다. ❷ 수업 설명을 듣는다.

❸ 공항에 같이 다녀온다. ❹ 교수님을 같이 만난다.

고장 나다　서비스 센터　그대로　동양　문화　적다　설명

6 윤아 씨는 왜 존 씨의 부탁을 들어주지 못했습니까? (　　)

❶ 학교에 결석해서　　❷ 고향에 돌아가서
❸ 칠판에 빨리 썼다가 지워서　　❹ 교수님 말씀이 너무 빨라서

7 맞으면 O, 틀리면 X 하십시오.

1) 존 씨는 지난번 수업 때 윤아 씨를 못 만났다. (　　)
2) 존 씨는 하늘 씨에게 부탁하려고 한다. (　　)

III. 읽어 봅시다

친구에게 부탁을 해 본 적이 있나요? 또 부탁을 받은 적이 있나요? 여러분은 어떻게 말합니까?

자리에 앉았다가 에어컨 때문에 너무 추워서 자리를 바꾸고 싶을 때 어떻게 부탁하면 좋을까요? "미안하지만 자리 좀 바꿔 줄 수 있어? 나는 좀 추워서.", "부탁이 있는데 좀 들어줄래? 자리 좀 바꿔도 될까?"

말은 쉬운데 친한 친구한테도 부탁은 참 어렵습니다. 부탁을 했는데 친구가 들어주지 않으면 기분이 나쁠 것 같습니다. 사람들은 진짜로 부탁은 하지 않고, 친구가 들어주지 않을 것 같아서 걱정만 합니다.

설명을 잘 하고 부탁하면, 좋은 친구는 여러분의 이야기를 잘 들어줄 것입니다. 부탁을 받은 사람도 상황이 어려워서 들어줄 수 없을 때 '아니요'라고 말하는 것을 너무 어려워하지 마세요. 또 친구가 부탁을 들어주지 않을 때 너무 기분 나빠하지 마세요. 친구 사이에서 부탁을 너무 힘들어하지 마세요.

걱정하다　사이

1 이 글에서 이야기하고 있는 것은 무엇입니까? (　　)

❶ 친구 사이에 부탁은 하지 않는 것이 좋다.
❷ 친구에게 부탁을 받으면 꼭 들어줘야 한다.
❸ 친구에게 부탁하는 것을 너무 어려워할 필요가 없다.
❹ 들어주지 않을 것 같으면 부탁은 하지 않는 것이 좋다.

2 사람들은 친구한테 부탁하는 것을 왜 어려워합니까?

3 맞으면 O, 틀리면 X 하십시오.

1) 친구한테 부탁하는 일은 아주 쉬운 일이다. (　　)
2) 친구에게 부탁할 때 내용을 말하지 않아도 된다. (　　)

IV. 따라해 봅시다

<된소리 5> 받침 /ㄱ,ㄷ,ㅂ/ 뒤의 /ㅅ/ → [ㅆ]

식사[식싸] 닫습니다[닫씁니다] 어렵습니다[어렵씁니다]

- **식사**를 하면서 친구에게 부탁을 했어요.
- 창문을 **닫습니다**.
- 부탁은 참 **어렵습니다**.

V. 정리해 봅시다

1. 친구에게 부탁할 때 어떻게 말합니까?
2. 친구에게 무슨 부탁을 해 봤습니까? 이야기해 봅시다.

10과

부탁

2. 사무실에서 부탁하기

MP3 / 24

• 학습 목표: 모르는 사람에게 부탁하거나 공공 기관에서 부탁하는 내용을 이해할 수 있다.

Ⅰ. 준비해 봅시다

다음 빈칸에 어울리는 말을 보기에서 골라 쓰십시오.

1) (　　), 서류가 어디 있지?

2) (　　), 저도 지금 일이 많은데요.

3) (　　), 이제 회의를 시작할까요?

4) (　　), 실례합니다만 박 과장님께 이 메모 좀 전해 주시겠습니까?

보기

저기　　음　　어　　자

실례하다　저기　음　어　자

II. 들어 봅시다

1 지금 어떤 상황입니까? 문장을 듣고 알맞은 그림을 연결하십시오.

1) ● 2) ● 3) ● 4) ●

● ● ● ●

❶ 

❷ 

❸ 

❹ 

2 대화를 듣고 유키 씨가 아는 것에 모두 ✔하십시오.

1) □ 은행의 위치

2) □ 은행 문 닫는 시간

3) □ 체크 카드 만들 때 필요한 것

4) □ 체크 카드 만들 때 걸리는 시간

[3-4] 대화를 듣고 질문에 답하십시오.

3 리타오 씨가 알고 싶은 것은 무엇입니까? (　　)

❶ 비자 연장에 필요한 서류
❷ 출입국 관리 사무소 위치
❸ 비자 연장 인터넷 예약 방법
❹ 출입국 관리 사무소 문 여는 시간

4 맞으면 O, 틀리면 X 하십시오.

1) 리타오 씨는 이미 필요한 서류를 모두 준비했다. (　　)

2) 인터넷으로 예약하고 가면 일이 더 빨리 끝난다. (　　)

저　아　체크 카드　신분증　글쎄요　연장하다　출입국 관리 사무소　서류
재학 증명서

[5-7] 대화를 듣고 질문에 답하십시오.

5 노라 씨는 오늘 사무실에 왜 왔습니까?

6 노라 씨는 오늘 최 과장님을 왜 못 만났습니까? (　　)

❶ 노라 씨가 수업이 있어서
❷ 노라 씨가 아르바이트가 바빠서
❸ 최 과장님이 회의 때문에 나가서
❹ 최 과장님과 약속을 하지 못해서

7 맞으면 O, 틀리면 X 하십시오.

1) 노라 씨는 최 과장님과 어제 전화를 했다. (　　)
2) 사무실 직원은 최 과장님이 어디에 갔는지 모른다. (　　)

III. 읽어 봅시다

한국에 와서 처음으로 국립 중앙 박물관에 다녀왔다. 4호선 이촌역에서 내렸는데 어디로 나가는지 몰라서 지나가는 아저씨께 길을 물어봤다.

"저, 실례합니다만 국립 중앙 박물관에 가려고 하는데 몇 번 출구로 나가는지 아세요?"

아저씨가 친절하게 가르쳐 주셔서 쉽게 찾을 수 있었다. 국립 중앙 박물관은 돈을 내지 않고 무료로 들어갔다. 박물관을 구경할 때 설명을 잘 듣고 싶어서 외국어 음성 안내기를 빌리러 갔다.

"죄송합니다만, 영어 음성 안내기를 빌리고 싶은데 어떻게 해야 합니까?"

"신분증과 3천 원을 내면 빌릴 수 있습니다."

음성 안내기로 설명을 들으면서 박물관을 천천히 구경하니까 이해하기 쉽고 정말 재미있었다. 유키도 한국 역사에 관심이 많은데 다음에는 같이 가야겠다.

다음에 갈 때는 안내 선생님의 설명도 신청해서 직접 들으면서 구경하고 싶다.

빕다　퇴근하다　신청　지나가다　음성 안내기

1 이 사람이 지나가는 아저씨에게 물어본 것은 무엇입니까?

2 이 사람은 박물관에서 왜 음성 안내기를 빌렸습니까? (　　)

❶ 무료여서
❷ 설명을 잘 듣고 싶어서
❸ 박물관을 하루에 다 보기 어려워서
❹ 선생님의 설명을 직접 들을 수 있어서

3 맞으면 O, 틀리면 X 하십시오.

1) 이 사람은 전에 국립 중앙 박물관에 가 본 적이 있다. (　　)
2) 음성 안내기를 빌리고 싶으면 신분증이 필요하다. (　　)

V. 따라해 봅시다

<콧소리 1> 받침 /ㄴ, ㅁ, ㅇ/

은행　　감사합니다만　　영어

- **은행**이 어디에 있는지 알아요?
- **감사합니다만** 다음 역에서 내립니다.
- **영어** 음성 안내기를 빌리고 싶은데요.

V. 정리해 봅시다

1. 모르는 사람한테 부탁할 때 어떻게 말합니까?
2. 공공 기관에서 무슨 부탁을 해 봤습니까? 이야기해 봅시다.

MP3 / 25

1 다음을 읽고 질문에 답하십시오.

11월 5일 화요일 맑음

우리 신문사에 갑자기 급한 일이 생겨서 내일부터 사흘 동안 일본에 출장을 갔다가 오게 됐다. 그런데 이틀 후에 학교에서 발표가 있다.

그래서 부장님께서 출장을 말씀하셨을 때 부탁을 드렸다.

"저… 부장님, 죄송합니다만 다른 사람이 가면 안 될까요?"

부장님은 부탁을 들어주시지 않았다.

"유키 씨, 힘든 건 알겠습니다만 이번 출장은 꼭 유키 씨가 가야 합니다."

이럴 때는 어떻게 해야 하는지 잘 모르겠다. 학교의 발표 날짜를 바꿔야 하나? 선생님께 출장 서류를 내면 발표 날짜를 바꿀 수 있을까? 친구하고 발표 날짜를 바꾸면 괜찮을까? 발표를 못하면 2급을 다시 공부하게 될까? 역시 회사를 다니면서 공부를 하는 건 힘들다.

1) 맞는 것을 고르십시오. (　　)

❶ 유키 씨는 이틀 동안 일본에 갔다가 올 것이다.

❷ 유키 씨는 출장을 못 가게 돼서 부장님께 죄송해 한다.

❸ 유키 씨는 출장을 갔다가 와서 이틀 후에 발표를 할 것이다.

❹ 유키 씨는 신문사 일 때문에 학교의 발표 날짜를 바꿔야 한다.

2) 앞으로 유키 씨가 할 일로 맞는 것을 고르십시오. (　　)

❶ 발표 준비를 한다.

❷ 부장님께 다시 부탁한다.

❸ 회사의 급한 일을 할 사람을 찾는다.

❹ 발표 날짜를 바꿀 수 있는지 알아본다.

3) 맞으면 O, 틀리면 X 하십시오.

❶ 선생님께 출장 서류를 내면 발표 날짜를 바꿀 수 있다. (　　)

❷ 유키 씨는 회사 일과 학교 공부를 같이 하는 것이 힘들다. (　　)

2 대화를 듣고 질문에 답하십시오.

1) **맞는 것을 고르십시오. (　　)**

❶ 유키 씨는 노라 씨에게 신문사 일을 부탁한다.
❷ 노라 씨는 유키 씨의 부탁을 들어주지 않았다.
❸ 노라 씨는 유키 씨와 같이 보고 싶은 영화가 있었다.
❹ 유키 씨는 출장 후에 노라 씨와 같이 영화를 볼 것이다.

2) **맞으면 ○, 틀리면 X 하십시오.**

❶ 유키 씨는 노라 씨보다 나이가 많다. (　　)
❷ 유키 씨는 주말 약속을 하려고 노라 씨를 만났다. (　　)

문화

인기 약속 장소

서울에서 약속 장소로 인기가 많은 곳은 어디일까요? 인터넷에서 제일 많이 검색된 5대 인기 약속 장소는 홍대, 강남역, 압구정, 가로수길, 이태원입니다. 이 중 1위인 홍대는 맛있는 식당과 분위기 좋은 카페, 개성 있는 스타일의 옷가게, 재미있는 클럽과 술집, 다양한 길거리 공연(버스킹) 등으로 유명해서 젊은 사람들이 많이 찾습니다. 강남역, 압구정, 가로수길은 세련된 분위기를 느낄 수 있고, 이태원은 여러 나라의 다양한 문화를 느낄 수 있는 곳입니다.

1 **서울에서 인기가 많은 약속 장소는 어디입니까?**
2. **여러분 고향에서는 어떤 곳이 약속 장소로 인기가 많습니까?**

내다　역시　순서　끝내다

부록

모범 답안
색인

모범 답안

1-1 안부 인사

Ⅰ. 준비해 봅시다.

1) ② 2) ① 3) ④ 4) ③

Ⅱ. 들어 봅시다.

1. 1) ④ 2) ① 3) ③ 4) ②
2.

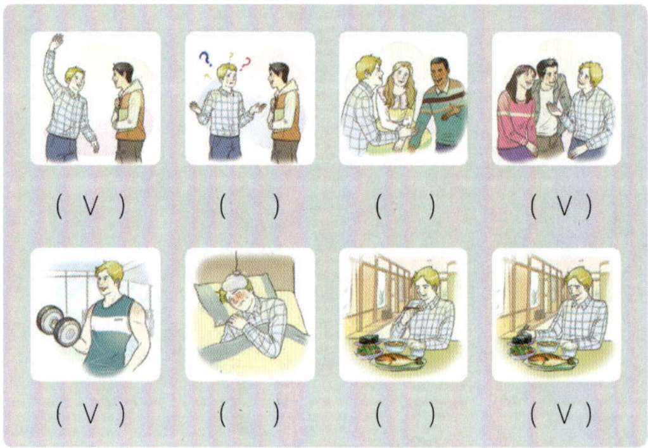

3. 1) ② 2) ①
4. 1) ○ 2) x
5. 1) ② 2) ③ 3) ①
6. ①
7. 기분, 건강

Ⅲ. 읽어 봅시다.

1. ②
2. ③
3.

바빠요	(즐거워요)	추워요
(여행해요)	한국어를 공부해요	(가족을 만나요)
학교에 다녀요	선생님을 만나요	(맛있는 음식을 먹어요)

1-2 소개

Ⅰ. 준비해 봅시다.

1) ③ 2) ① 3) ② 4) ④

Ⅱ. 들어 봅시다.

1. 1) ① 2) ② 3) ① 4) ①
2. ② → ④ → ③ → ①
3.

	전공	일하고 싶은 곳
존	경영학	무역 회사
하늘	국어 국문학	잡지사

4. 1) x 2) x
5. 1) ②, ③, ⑤ 2) ①, ④
6. ②
7. 1) x 2) x

Ⅲ. 읽어 봅시다.

1. ③
2.

대학교	대학원
아시아학	한국학

3. ④

2-1 내 친구

Ⅰ. 준비해 봅시다.

1) ① 2) ④ 3) ③ 4) ②

Ⅱ. 들어 봅시다.

1. 1) ③ 2) ④ 3) ① 4) ②
2. 1) ② 2) ① 3) ③ 4) ④
3. ③
4. 1) × 2) ○
5. 1) ①, ②, ⑤, ⑦ 2) ③, ④, ⑥
6. 경주 여행
7. 1) × 2) × 3) ○

Ⅲ. 읽어 봅시다.

1. ①
2. ③
3. 같이 공부하고 놀면서 노래방에도 가고 싶어 합니다.

2-2 가족과 친척 모임

Ⅰ. 준비해 봅시다.

1) ④ 2) ③ 3) ① 4) ②

Ⅱ. 들어 봅시다.

1. 1) 삼촌, 직업 2) 외할머니, 고향
   3) 내일, 날씨 4) 오늘, 메뉴
2. 1) ② 2) ② 3) ① 4) ①
3. 할머니 생신
4. 1) × 2) ○
5. 조카의 돌잔치
6. 1) ○ 2) ×
7. 장난감 야구공, 조카가 운동선수가 되면 좋을 것 같아서

Ⅲ. 읽어 봅시다.

1. 고모의 결혼식이어서
2. ③
3. 친척들과 한국말로 이야기할 수 있어서

◆ 복습

1. 대화를 듣고 대답하십시오.

1)

존	리타오
잘 지냈습니다.	바쁘게 지냈습니다.

2) ①

3) ① × ② ○

2. 다음을 읽고 질문에 답하십시오.

1) ③
2) ③

3-1 친구의 고향

Ⅰ. 준비해 봅시다.

1) ② 2) ③ 3) ① 4) ④

Ⅱ. 들어 봅시다.

1. 1) 3년 전 2) 3개월 전 3) 일주일 전 4) 10년 전
2. 1) ① 2) ② 3) ① 4) ②
3. 베이징, 중국, 북쪽
4. 1) × 2) ○
5. 호찌민 남쪽 노르웨이
6. 가족들, 고향 음식
7. ②

Ⅲ. 읽어 봅시다.

1. 1) 지난 주말 2) 영수 씨를 만나러
2. ③
3. 1) ① ③ 2) ④ ⑤ 3) ② ⑥

3-2 아름다운 내 고향

Ⅰ. 준비해 봅시다.

외롭습니다 그리울 부럽습니다 행복할

Ⅱ. 들어 봅시다.

1. 1) ② 2) ③ 3) ④ 4) ①
2. 작습니다, 공기가 좋습니다, 바다가 있습니다,
   한가하게 지냅니다
3. 1) ②, ③ 2) ①, ④
4. 1) × 2) ○
5. ③
6. ④
7. 바닷물도 깨끗하고 근처에 구경거리도 많기 때문에

Ⅲ. 읽어 봅시다.

1. 하와이, 호놀룰루 와이키키 해변
2.

왜 와이키키 해변에 신혼여행을 많이 옵니까?	구경거리, 쇼핑
하와이에 여행 온 사람들이 무엇을 삽니까?	커피, 초콜릿
이 사람은 고향 바다에서 무엇을 했습니까?	수영, 서핑

3. ④

4-1 이사

Ⅰ. 준비해 봅시다.

(③) → (①) → (⑤) → (④) → (②)

Ⅱ. 들어 봅시다.

1. 1) ① 2) ④ 3) ③ 4) ②
2. 1) ② 2) ③ 3) ① 4) ④
3. 이사하는 날까지 짐을 다 못 쌀 것 같아서
4. 1) ○ 2) ○
5. ③
6. ②
7. 원룸 아파트

Ⅲ. 읽어 봅시다.

1. 1) ⑤, ⑥ 2) ①, ④ 3) ②, ③
2. 1) ○ 2) × 3) ×
3. 이 사람은 내일 부동산에 가서 원룸을 계약하겠습니다.

4-2 내가 사는 집

Ⅰ. 준비해 봅시다.

1) ② 2) ③ 3) ④ 4) ①

Ⅱ. 들어 봅시다.

1. ④
2. 1) ④ 2) ② 3) ③ 4) ①
3. 청소하는 중입니다.
4. 1) × 2) ○
5. ③
6. ③
7. 미용실 건물 2층

Ⅲ. 읽어 봅시다.

1. ③
2. 1) ○ 2) ○ 3) ×
3. 청소를 잘하는 친구를 찾고 있습니다.

◆ 복습

1. 대화를 듣고 대답하십시오.

1) ③
2) ②
3) 오랜만에 할아버지께 전화하겠습니다.

2. 다음을 읽고 질문에 답하십시오.

1) ① × ② ○ ③ ○
2) ③

5-1 음식 소개

Ⅰ. 준비해 봅시다.

1) 커피 · 간장 · 뿌리다
2) 초밥 · 고추장 · 넣다
3) 냉면 · 식초 · 찍다
4) 비빔밥 · 설탕 · 비비다

1) 커피에 설탕을 넣어서 마셔요.
2) 초밥을 간장에 찍어서 먹어요.
3) 냉면에 식초를 뿌려서 먹어요.
4) 비빔밥에 고추장을 넣고 비벼서 먹어요.

II. 들어 봅시다.

1.

2. ①, ③

3.

좋아하는 음식	양념
파전	간장

4. 1) ○ 2) ×

5. ③

6. ②

7.

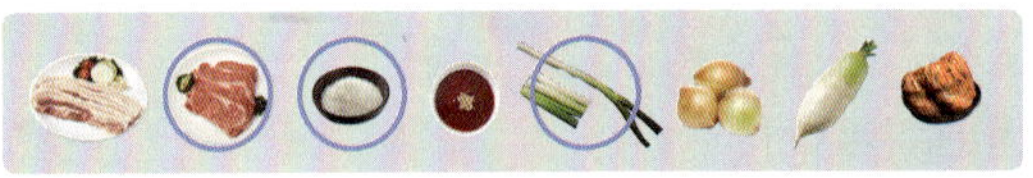

III. 읽어 봅시다.

1. 대구 치맥 페스티벌

2.

먹은 것	마신 것
치킨(프라이드 치킨, 마늘 치킨, 양념 치킨)	맥주

3. ①

5-2 음식 재료와 요리

I. 준비해 봅시다

1) ④ 2) ③ 3) ② 4) ①

II. 들어 봅시다.

1. 1) ② 2) ① 3) ① 4) ②
2. ④
3. 닭고기, 인삼, 마늘, 대추
4. 1) ○ 2) ○
5. ② → ④ → ① → ③
6. ③
7. 1) ○ 2) ×

III. 읽어 봅시다.

1. ②
2. ④ → ② → ⑤ → ③ → ①
3. 1) ○ 2) ×

6-1 편의점

I. 준비해 봅시다.

1) ③ 2) ② 3) ④ 4) ①

II. 들어 봅시다.

1. 1) ③ 2) ② 3) ① 4) ④
2. 1) ① 2) ① 3) ② 4) ②
3. ④
4. 1) × 2) ○
5. 1) ② 2) ③ 3) ①
6. 채소와 과일
7. 1) × 2) ○

III. 읽어 봅시다.

1. 편의점
2. ④
3. 1) × 2) ×

6-2 인터넷 쇼핑몰

I. 준비해 봅시다.

1) ③ 2) ④ 3) ① 4) ②

II. 들어 봅시다.

1. 1) ① 2) ② 3) ② 4) ①
2. 1) 노라 2) 에릭 3) 흐엉 4) 주앙
3. 고속터미널 지하 쇼핑 상가
4. 1) ○ 2) ○
5. 소파
6. 인터넷 쇼핑몰
7. ①

III. 읽어 봅시다.

1. ④
2. ④
3. 싸게 살 수 있습니다. 편하게 쇼핑할 수 있습니다.

◆ 복습

1. 다음을 읽고 질문에 답하십시오.

1) ④
2) ③
3) 시장

2. 대화를 듣고 대답하십시오.

1) ①→ ④ → ② → ③
2) ③

7-1 사고 싶은 물건

I. 준비해 봅시다.

1) 

2) 

3) 

4) 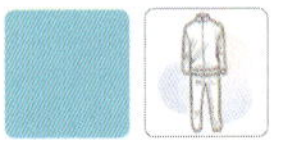

II. 들어 봅시다.

1. 1) ② 2) ④ 3) ① 4) ③
2. ①, ④, ⑤
3.

옷	양복
필요한 이유	친구 결혼식에 가야 해서

4. 1) × 2) ○

5. 화장품 가게
6. 립스틱, 로션
7. ③

Ⅲ. 읽어 봅시다.
1. 여름에 신기 좋은 운동화
2. 1) ②, ④ 2) ③, ⑤ 3) ①, ⑥
3. 1) × 2) × 3) ○

7-2 물건 소개

Ⅰ. 준비해 봅시다.
1) ③ 2) ④ 3) ① 4) ②

Ⅱ. 들어 봅시다.
1. 1) ④ 2) ③ 3) ② 4) ①
2. 1) ② 2) ① 3) ② 4) ①
3. 고향에 계신 외할머니와 어머니를 생각할 수 있어서
4. 1) × 2) ○
5. ③
6. 디자인이 멋있고 가볍습니다.
7. ②

Ⅲ. 읽어 봅시다.
1.

물건	값
식탁과 의자	10만원

2. 1) ③, ④ 2) ①, ④ 3) ②, ⑤
3. ③

8-1 모임 초대

Ⅰ. 준비해 봅시다.
1) ② 2) ① 3) ④ 4) ③

Ⅱ. 들어 봅시다.
1. 1) ③ 2) ② 3) ① 4) ④
2. 1) ① 2) ① 3) ② 4) ②
3. ②
4. 1) ○ 2) ○
5. ①
6. ③
7. 일요일 오후 2시에 연세공원 앞에서

Ⅲ. 읽어 봅시다.
1. 동창회에 친구들을 초대하려고
2. ④
3. ③

8-2 집들이 선물

Ⅰ. 준비해 봅시다.
생략/ 학생의 생각에 따라 답이 다양해질 수 있음

Ⅱ. 들어 봅시다.
1. 1) ④ 2) ③ 3) ② 4) ①
2.

레오	불고기
유키	샴페인
하늘	화분
흐엉	디지털 카메라

3. 친구가 결혼하기 때문에 선물을 사려고 합니다.
4. 1) × 2) ×
5. ③
6. 1) ○ 2) ○ 3) ×
7. 딸기 케이크와 화분

Ⅲ. 읽어 봅시다.
1. 리타오의 집들이
2. ④
3. ③

◆ 복습

1. 대화를 듣고 대답하십시오.
1) 하늘이, 집들이
2) ①
3) ① (×) ② (○)

2. 다음을 읽고 질문에 답하십시오.
1) 디자인이 단순하고 크기가 작은 파란색 시계
2) ③

9-1 약속 시간과 장소 정하기

Ⅰ. 준비해 봅시다.
4)

Ⅱ. 들어 봅시다.
1. 1) ② 2) ③ 3) ① 4) ④
2. 1) ① 2) ④ 3) ② 4) ③
3. ②
4. 1) × 2) ×
5. ②
6. ③
7. 1) ○ 2) ×

Ⅲ. 읽어 봅시다.
1.

약속 시간	약속 장소
이번 금요일 6시	학교 앞

2. ②
3.

존	주앙
학교 근처 식당을 알아본다.	리타오에게 연락한다.

9-2 약속 바꾸기

I. 준비해 봅시다.

4월

SUN	MON	TUE	WED	THU	FRI	SAT
	1	2	3	4	5	6
7	8	9	10 고향에 간 날	11	12	13
14	15 친구 생일 파티	16	17 동아리 모임	18	19	20 오늘
21	22 서른 살 생일	23	24	25	26	27
28	29	30				

II. 들어 봅시다.

1. 1) ④ 2) ③ 3) ② 4) ①
2.

( ) (V) (V) ( ) (V)

3. ①
4. 1) × 2) ×
5. ②
6. ④
7. 열흘(10일)

III. 읽어 봅시다.

1. 1) ① 2) ③ 3) ②
2. ④
3. ③

10-1 친구에게 부탁하기

I. 준비해 봅시다.

1) 부탁이 있다 2) 부탁을 하다
3) 부탁을 받다 4) 부탁을 들어주다

II. 들어 봅시다.

1. 1) ④ 2) ③ 3) ② 4) ①
2. 1) ② 2) ② 3) ① 4) ①
3. 노트북
4. 1) ○ 2) ×
5. ①, ②
6. ①
7. 1) ○ 2) ○

III. 읽어 봅시다.

1. ③
2. 친구가 부탁을 들어주지 않을 것 같아서
3. 1) × 2) ×

10-2 사무실에서 부탁하기

I. 준비해 봅시다.

1) 어 2) 음 3) 자 4) 저기

II. 들어 봅시다.

1. 1) ③ 2) ④ 3) ② 4) ①
2. (1), (3)
3. ②
4. 1) × 2) ○
5. 아르바이트 신청 서류를 내려고
6. ③
7. 1) ○ 2) ×

III. 읽어 봅시다.

1. 국립 중앙 박물관으로 가는 지하철 출구 번호
2. ②
3. 1) × 2) ○

◆ 복습

1. 다음을 읽고 질문에 답하십시오.

1) ④
2) ④
3) ① × ② ○

2. 대화를 듣고 대답하십시오.

1. ④
2. ① ○ ② ×

색인

어휘 색인

이미지 출처: 국립중앙박물관, 서울도서관, you

Chinese Version

새 연세한국어 듣기와 읽기 2-1

별책부록

新延世韩国语 听力与阅读

연세대학교 한국어학당 편

연세대학교 출판문화원

前言

延世大学韩国语学堂是在1959年成立的韩国最早的外国人韩国语教育机构。延世大学韩国语学堂为了满足此前的历史和名声，编纂了各种韩语教材，同时不断 相关的研究。迄今为止，我校对全世界约147个国家的14万名韩国语学生进行了韩语和韩国文 化的教育，最近不仅在线下进行韩语教育，还为世界各国的学生开设了全球性的“大型开放式网络课程（MOOC讲座)”，受到了广大学生的热烈响应。尤其是根据最近以飞快的速度变化的教育环境，为开发新的教学 方法和教学资料等等而在进行不断地努力。

延世大学韩国语学堂一直以来都是不仅针对普通目的的韩国语学生，同时针对特殊目的 的韩国语学生，开设正规课程、短期课程、大学韩语课程等多种教育课程，并开发出满足学生要 求的最佳教材。这些教材目前被广泛使用在国内外的韩国语教育机构中，满足教师和学生的多 种要求。

延世大学韩国语学堂是继此前一直受到最大好评的"延世韩国语"1级~6级之后，发行的新 系列韩语教材——《新延世韩国语》。为了开发此教材，将韩语教育现场经验丰富的专业韩语教 育学者及教师们大批地投入到了其中，并以最佳的韩语教学方法和学生群体的理解为基础，经 过长期的开发，完成了开发工作。

此次出版的《新延世韩国语》系列共6个阶段，每个阶段由词汇与语法教材、口语与写作教 材、听力与阅读教材几部分构成。‘新延世韩国语词汇与语法’是以每个阶段韩国语学生必须熟 练掌握的主要词汇和语法的理解和活用为中心而构成。‘新延世韩国语口语与写作’是为了能够 灵活运用韩语进行语言沟通，主要以口语、写作练习题构成。另外，‘新延世韩国语听力与阅读’ 是以听力、阅读练习题为中心，来培养出符合各级别熟练程度的理解能力。这三本教材可以为 培养词汇·语法、表达、理解能力作为一系列的教材同时使用，也可以根据教育现场条件或学 生的要求另行使用。此外在词汇与语法教材中，另外免费提供指南书，这对于教育经验不足的国内 外的韩国语教师来说，可以成为有用的向导。

延世大学韩国语学堂今后也将致力于开发符合全世界韩国语学生要求并不辜负期待的韩 国语教材。同时希望本教材在国内外能为韩国语教育付出努力的教师们和为了学习韩语而努 力的所有学生都能给予帮助。

延世大学语言研究教育院

韩国语学堂教材编纂委员会

凡例

1. 本教材与《新延世韩国语词汇与语法2》、《新延世韩国语会话与写作2》同时出版，是为韩国语初级者而编撰的教材。

2. 本教材是为了培养韩国语初级者在听读两方面对韩国语的理解能力而研发的理解能力教材。

3. 本教材共由20课组成，每课分2项，共由40项构成。另外有10项复习部分，在每2课结束时进行复习。每一项的上课内容各50分钟，本教材共由50项构成。教材的第一部分对韩字进行了介绍，每2项结束会有介绍韩国文化的部分。

4. 本教材每项由“题目、学习目标、准备一下、听一听、读一读、请跟着我读、整理一下”5个部分构成。

5. 每课的题目与《新延世韩国语词汇和语法1》相同，但是每项的题目以能代表该项的主要内容作为题目，并且在题目的旁边设有QR码，能便捷地确认录音内容。

6. 学习目标部分，列出了“能理解~”，“能理解~相关的内容”等关于理解技能的内容。

7. “准备一下”部分，作为每项的开始部分，为了能更好地理解该单元的阅读和听力内容而做准备。由该单元学习内容和与其有关的重要单词练习构成。但是并不是单纯的单词练习，而是为了能更好地反应出理解教材的特征，使在句子和段落里接触这些单词来帮助学生们理解。

8. “听一听”部分，通过练习口语培养能运用在日常生活中的语言沟通能力。听力文本以单个句子的形式开始，然后伸展到短对话，最后到长对话，按照从短到长，从容易到难的顺序练习。

9. “读一读”部分, 根据初级阶段的学习目标, 将重点放在提高日常生活的书面语沟通能力上, 阅读与日常生活有关的各种类型的文章(便条、日记、邮件、广告、邀请函、博客或网络论坛的帖子等)理解其内容。

10. “请跟着我读“部分, 是为了练习发音的部分, 对于阅读文本或听力文本里有音韵变化或学生们容易错误的发音, 每单元选出相同规则发音的单词, 并一起备注了包括此单词的句子。

11. “整理一下”部分, 是学生们对该课的内容进行确认和检查的部分, 同时通过对其他语言能力的综合性教育来起到强化语言能力的作用。该部分由通过学习过的听力和阅读内容同时能练习会话、写作两个技能的内容构成。

12. “复习”部分, 由阅读和听力两部分构成, 帮助学生们更好地运用前2课学习的单词和语法等内容。把焦点放在听力和阅读集中其中一方面上, 连接其他技能, 促进各技能的综合性学习。

13. “文化”部分, 在复习项的最后一部分, 配有文化资料和插图。文化部分中, 选择了符合理解教材的内容, 主要以信息文化而构成。

14. “附录”部分, 提供了正确答案和单词索引, 别册里提供了阅读译文和听力文本及译文。

单元构成

课	题目	学习目标	语法	文化(复习项)
第一课问候和介绍	<1> 问候	能理解问候和回答的内容。	-게[1] -어지다	称呼
	<2> 介绍	能理解介绍工作单位和专攻的内容。	-은 지 -으려고	
第二课朋友和家人	<1> 我的朋友	可以理解描述和介绍朋友的内容。	-네요 -겠다[2]	
	<2> 家人和亲戚的聚会	能理解介绍家人及亲戚的内容和家人聚会的内容。	-을 때 의	
第三课家乡	<1> 朋友的家乡	能够理解说明家乡的位置和环境的内容。	만에 -어 보다[1]	韩国人的家
	<2> 我的美丽家乡	能理解描述家乡的自然环境和生活面貌的内容。	-기 때문에 -는데[2]	
第四课家	<1> 搬家	能理解准备搬家和找房子的内容。	-었으면 좋겠다 -어야겠다	
	<2> 我住的房子	能理解家务和介绍我居住的房子的内容。	-는 중이다 -나요?	
第五课饮食	<1> 介绍食物	能理解介绍吃食物的方法的内容。	-어 보다[2] -는데[3]	广藏市场
	<2> 食材和饮食	能理解说明食材和烹饪法的内容。	-은 적이 있다 에다가	
第六课市场	<1> 便利店	能理解介绍购物场所的内容。	-을까요?[3] -을 거예요[2]	
	<2> 网上购物中心	能理解推荐购物场所的内容。	-는데[4] -어하다	

课	题目	学习目标	语法	文化(复习项)
第七课 购物	<1> 想买的东西	能理解购买物品的状况和描述想买的东西的内容。	-어도 되다 -으면 안 되다	乔迁宴礼物
	<2> 物品介绍	能理解介绍购买的物品和描述想卖的物品的内容。	ㅎ동사 얼마나 –는지 모르다	
第八课 邀请	<1> 聚会邀请	能理解介绍聚会和邀请的内容。	-어 -을까 하다	
	<2> 乔迁宴礼物	能理解关于准备礼物和乔迁宴的相关内容。	-어 가지고 -지 마	
第九课 约会	<1> 决定约会时间和场所	能理解为了见面和聚会与朋友约定的内容。	-는다, -니? -을게요	有人气的约会场所
	<2> 变更约会	能理解变更或取消约会的内容。	-어라, -자 -게 되다	
第十课 拜托	<1> 拜托朋友	能理解拜托私事和受托的内容。	-을래요? -었다가[1]	
	<2> 在办公室请求	能理解拜托陌生人或在公共机构请求的内容。	-습니다만 -는지 알다	

目录

第一课 问候和介绍

<1> 问候

学习目标: 能理解问候和回答的内容。

词汇

잡지사 杂志社	방송국 电视台
항공사 航空公司	무역 회사 贸易公司
스튜어디스 空姐	지내다 过
처음 开始	즐겁다 愉快,快乐
열심히 努力	익숙하다 习惯
건강하다 健康	곧 马上, 立刻
연휴 连休	다녀오다 去某地然后回来
오랜만 "오래간만" 的略语, 隔了好久	걱정 担心, 担忧
다니다 去	글 文
잊어버리다 忘记	편지 信
일기 日记	
메모 便条	

• **听一听**

1.

(1) 저는 한국에서 바쁘게 지내요.
我在韩国过得很忙碌。

(2) 친구들과 재미있게 시간을 보내고 있어요.
和朋友们一起度过开心时光。

(3) 요즘 한국은 날씨가 많이 더워졌어요. 힘들게 지내요.
最近韩国的天气变得很热, 过得很辛苦。

(4) 처음에는 힘들었지만 이제는 한국 음식을 맛있게 먹을 수 있어요.
刚开始不习惯, 但是现在韩国菜可以吃得很香。

2.

처음에는 한국 생활이 힘들었지만 이제는 즐겁게 지내요. 한국말을 열심히 공부해서 한국말이 익숙해졌어요. 한국 친구도 많아졌어요. 운동도 많이 해서 건강해졌어요. 하지만 아직 한국 음식에는 익숙해지지 못했어요.
刚开始韩国生活很辛苦, 但是现在过得很愉快。我很努力学习韩语, 所以韩语现在很熟悉了。韩国朋友也变多了。我还经常锻炼, 所以变健康了。但是韩国菜还不是很习惯。

3~4.

노라: 리타오 씨, 요즘 어떻게 지내세요?
诺 拉: 李涛, 你最近过得怎么样?
리타오: 저는 즐겁게 지내요. 노라 씨는요?
李涛: 我过得很愉快。诺拉你呢?
노라: 저는 지난주부터 중국어 공부를 시작했는데 좀 힘들어요.
诺拉: 我从上周开始学中文, 有点累。
리타오: 곧 익숙해질 거예요.
李涛: 很快会习惯的。

5~7.

주앙: 모두 연휴를 즐겁게 보냈어요? 에릭 씨, 연휴에 뭐 했어요?
胡安: 大家都愉快地度过了假期吗? 埃里克, 你连休的时候做了什么?
에릭: 날마다 회사에서 일했어요. 바쁘게 보냈어요. 올리비아 씨는요?
埃里克: 我每天都在公司工作, 过得很忙。奥莉维亚你呢?
올리비아: 저는 재미없게 지냈어요. 집에서 한국어 공부만 했어요. 주앙 씨는 어떻게 지냈어요?
奥莉维亚: 我过得很没意思。我只是在家里学习韩语。胡安你是怎么过的?
주앙: 저는 바다를 보러 부산에 다녀왔어요.
胡安: 我去釜山看了大海.
에릭: 부산요? 부산은 어땠어요? 저도 부산에 가고 싶었는데…
埃里克: 釜山? 釜山怎么样? 我也想去釜山…
주앙: 경치가 아름다웠어요, 맛있는 음식도 많았고요. 여행을 하니까 기분도 건강도 좋아졌어요.
胡安: 风景优美, 而且有很多好吃的菜。因为旅行, 我的心情和健康都变好了。
올리비아: 다음에는 우리 셋이 같이 가요.
奥莉维亚: 下次我们三个人一起去吧。

• **读一读**

崔秀智老师:
老师, 您好。我是香。好久没有联系您。这段时间您过得好吗? 一直都过得很忙碌吗?
我在家乡过得很愉快。和家人们吃好吃的家乡菜, 还和朋友们一起去旅游了。
韩国变得很冷了吧? 下个月要回韩国, 但是我很担心天气。并且韩语也很担心。放假期间, 在家乡我没能学习韩语, 所以忘了很多。
但是一想到要回韩国, 心情就会变好。想在见到老师和朋友们后, 再次有趣地学习韩语。
那么, 下个月在学校见面后再跟你打招呼。到那个时候见。

2019.12.10
香敬上

<2> 介绍

学习目标: 能理解介绍工作单位和专攻的内容。

词汇

의학 医学	경제학 经济学
국어 국문학 国语国文学	천문 우주학 天文宇宙学
돕다 帮助	별 星星
고등학교 高中	졸업하다 毕业
신문 방송학 新闻放送学	전공 专攻, 主修
컴퓨터 공학 计算机工学	교수 教授
경영학 经营学	멋있다 帅
소개 介绍	자기소개서 自我介绍书
필요하다 需要	및 和
학습 学习	아시아 亚洲
관심 关心	생기다 产生
자세히 详细	유학 留学

입학하다 入学　　이해하다 理解

• 听一听

1.

(1) 방송국에 들어가려고 신문 방송학을 전공해요.
为了进入电视台，专攻了新闻放送学。

(2) 컴퓨터 공학을 공부하려고 한국에 왔습니다.
为了学习计算机工学，来到了韩国。

(3) 저는 대학교에 가려고 한국말을 배워요.
我为了上大学而学习韩语。

(4) 한국어 교수가 되려고 국어국문학을 공부합니다.
为了成为韩语教授，专攻国语国文学。

2.

저는 5년 전에 한국 드라마를 보고 한국어 공부를 시작했어요. 한국어를 공부한 지 4년쯤 됐어요. 그리고 작년에 고등학교를 졸업하고 한국에 왔어요. 한국에 온 지는 네 달 됐어요.
我在5年前看了韩剧后开始学习韩语。学韩语大概已有4年。去年高中毕业后来了韩国，来韩国已有四个月了。

3~4.

하늘: 존 씨는 왜 경영학을 공부해요?
天空：约翰你为什么学习经营学？

존: 저는 무역 회사를 경영하려고 경영학을 공부해요. 하늘 씨는요?
约翰：我为了经营贸易公司，学习经营学。天空你呢？

하늘: 저는 잡지사 기자가 되려고 국어 국문학을 공부해요.
天空：我为了成为杂志社的记者，学习国语国文学。

존: 멋있군요. 하늘 씨는 좋은 기자가 될 거예요.
约翰：真帅啊，天空你一定会成为一名好记者。

5~7.

소개하는 사람: 두 사람이 친구가 되면 좋을 것 같아서 소개하는 거예요. 알렉스 씨, 먼저 소개 좀 해 주시겠어요?
介绍的人：感觉两个人成为朋友应该会不错，所以介绍的。亚历克斯，你先来介绍好吗？

남자: 안녕하세요? 저는 미국에서 온 알렉스입니다. 미국에서는 방송국에서 일했는데요 지금은 한국어를 공부하려고 한국어 학당에 다녀요. 한국어를 공부한 지 여섯 달 됐어요. 대학교에서는 신문 방송학을 전공했고요.
男：你好，我是来自美国的亚历克斯。在美国的电视台工作，现在为了学习韩语在韩国语学堂上学。学韩语已有6个月。在大学主修了新闻放送学。

여자: 만나서 반가워요. 저는 김미선이에요. 무역 회사에서 일하고 있어요. 대학교에서는 경영학을 전공했고요. 제가 무역 회사에서 일해서 회사 일로 가끔 미국에 가요. 영어가 많이 필요한데 알렉스 씨께서 도와주시면 좋겠어요.
女：见到你很高兴。我是金美善。在贸易公司上班。在大学主修了经营学。我在贸易公司工作，所以偶尔因为公司的事去美国。英语还需要很多帮助，所以请亚历克斯你能多多帮助我。

• 读一读

自我介绍书

[专攻和学习计划]

我在德国柏林大学主修了亚洲学。我在高中时期认识了韩国朋友和中国朋友后，对亚洲文化产生了兴趣，所以学习了亚洲学。但是在大学听了韩国文化课后，更想详细地了解韩国文化。所以我自己努力地又看韩国文化书，又找韩国电影和电视看。

如果想要更好地了解韩国文化，就需要韩语。所以我在大学毕业后，为了学习韩语来了韩国留学。在韩国学习韩语已有1年。

另外我现在想要更加详细地学习韩国文化，打算在研究生院专攻韩国学。目前在德国，不了解韩国文化的人还很多。如果我能就读于该校，我希望能够努力学习韩国的文化，好好了解韩国。所以我会向德国介绍优秀的韩国文化。

第二课 朋友和家人

<1> 我的朋友

学习目标：可以理解描述和介绍朋友的内容。

词汇

잘생기다 帅	날씬하다 (身材)苗条
똑똑하다 聪明	목소리가 좋다 嗓音好
아나운서 播音员	착하다 善良
귀엽다 可爱	뚱뚱하다 胖
어리다 (年纪)小	안경을 끼다 戴眼镜
성격이 좋다 性格好	교육학 教育学
경주 庆州	지루하다 无聊
성격이 밝다 性格开朗	

• 听一听

1.

(1) 이거 제 초등학교 때 사진이에요.
这是我小学时候的照片。

(2) 제 친구는 한국 사람인데 미국에서 10년 살았어요.
我的朋友是韩国人，在美国生活了10年。

(3) 제 동생 사진이에요. 항상 엄마 일을 많이 도와 드려요.
是我弟弟的照片，他经常帮妈妈的忙。

(4) 우리 집 강아지예요. 우리 강아지는 많이 먹는데 운동을 안 해요.
是我家小狗，我的小狗吃很多，但是不运动。

2.

(1) 저는 오전에는 한국어를 배우고 오후에는 아르바이트를 해요.
我上午学习韩语，下午打工。

(2) 제 친구는 성격이 좋고 재미있어요.
我的朋友性格好，并很有趣。

(3) 저는 어제 잠을 못 잤어요.
我昨天没睡好。

(4) 지난 주말에 오랜만에 고등학교 친구를 만났어요.
我上周末见到了久违的高中同学。

3~4.

에릭 : 리타오 씨, 잘 지냈어요? 옆에 있는 분은 누구예요?
埃里克 : 李涛, 你过得好吗? 旁边的这位是谁?

리타오: 제 고향 친구예요. 지금 대학원에서 교육학을 공부하고 있어요. 아주 똑똑하고 성격도 좋아요. 키도 크고 예쁘지요?
李涛 : 是我的家乡朋友。现在在研究生院学习教育学。非常聪明而且性格也好。个子又高又漂亮吧?

왕샤오링: 저는 왕샤오링이에요. 리타오한테서 이야기를 많이 들었어요. 회사에서 일도 하고 공부도 해서 많이 바쁘시겠어요.
王小玲 : 我叫王小玲。我从李涛那儿听说了很多你的事。你又在公司上班, 又学习, 应该很忙吧?

에릭: 조금 바쁘지만 한국어 공부가 재미있어요. 시간이 있으면 리타오 씨하고 우리 회사 근처로 저녁 먹으러 오세요.
埃里克 : 虽然有点忙, 但是学习韩语很有意思。有时间和李涛一起来我的公司附近一起吃晚饭吧。

5~7.

유키: 흐엉 씨, 이 사진은 지난달에 친구들과 경주에 여행 가서 찍은 사진이에요.
由希 : 香, 这张照片是我上个月和朋友们去庆州旅行的时候拍的照片。

흐엉: 유키 씨 옆에 있는 사람이 누구예요? 눈이 크고 귀엽네요.
香 : 由希你旁边的人是谁? 眼睛真大真可爱啊。

유키: 어학당 친구가 소개해 준 한국 친구 미선 씨예요. 연세 대학교 학생인데 친절하고 성격이 아주 밝아요.
由希 : 是我语学院朋友介绍的韩国朋友美善。她是延世大学的学生, 既亲切, 性格也很开朗。

흐엉: 그런데 여기 키가 크고 머리가 짧은 남자는 누구예요?
香 : 这里个子又高, 头发短的男生是谁?

유키: 이번에 처음 만났는데 미선 씨의 대학교 친구 영수 씨예요. 경주 사람이어서 우리에게 경주를 소개해줬어요. 아주 재미있는 친구예요.
由希 : 我这次第一次遇见, 是美善的大学同学英洙, 因为是庆州人, 所以给我介绍了庆州。是非常有趣的朋友。

흐엉: 한국 친구가 많아서 좋겠어요. 저도 한국 친구가 있으면 좋겠어요.
香 : 你韩国朋友很多真好。我要是也有韩国朋友就好了。

유키: 흐엉 씨, 다음에 제 친구들과 같이 만나는 게 어때요? 같이 한국 음식도 먹고 한국어로 이야기도 해요.
由希 : 香, 下次和我一起见我的朋友们怎么样? 一起吃韩国菜, 并用韩语聊天。

• **读一读**

找朋友

我是来自俄罗斯的玛利亚, 我三个月前来到韩国。上午在韩国语学堂学习韩语, 下课后没什么特别的事。有些天去图书馆学习, 也有些天去公园散步。因为没有朋友, 所以独自打发时间和学习, 所以有些无聊的时候。因此我想找下课后又可以一起学习又可以一起玩的朋友。
我的性格开朗, 喜欢聊天。去年在日本学习过, 今年来了韩国留学。我喜欢韩国音乐, 所以每天都听音乐, 偶尔去歌厅。如果和我的兴趣爱好一样, 希望能遇见能一起去歌厅的朋友。愿意和我一起边学习边玩的朋友请联系我。
└ 你在日本学习了啊, 那你日语应该也很好。
└ 你喜欢韩国音乐啊, 我也喜欢去歌厅, 我会打电话给你。
└ 我最近也因为没有朋友很无聊, 一起学习和玩的话应该会很有趣。

<2> 家人和亲戚的聚会

学习目标: 能理解介绍家人及亲戚的内容和家人聚会的内容。

词汇

조카 侄子, 侄女	외숙모 舅妈
이모부 姨父	큰어머니 大伯母
삼촌 叔叔	외할머니 外婆
외삼촌 舅舅	이모 姨妈
외할아버지 外公	생신 寿辰
큰아버지 大伯父	친척 亲戚
돌잔치 周岁宴	장난감 玩具
태어나다 出生	대전 大田
고모부 姑父	작은어머니 婶婶

• **听一听**

1.

(1) 우리 삼촌은 은행원입니다.
我叔叔是银行职员。

(2) 우리 외할머니는 부산 사람입니다.
我外婆是釜山人。

(3) 내일 오전에는 맑고 오후에는 조금 흐리겠습니다.
明天上午是晴天, 下午有些转阴。

(4) 오늘 우리 식당에서 점심은 비빔밥, 저녁은 불고기를 준비하겠습니다.
今天我们食堂的午餐是拌饭, 晚饭会准备烤肉。

2.

(1) 우리 이모부는 운동을 할 때 음악을 들어요.
我姨父在做运动的时候听音乐。

(2) 우리 외삼촌은 밥을 먹을 때 텔레비전을 봐요.
我舅舅在吃饭的时候看电视。

(3) 우리 이모는 커피를 마실 때 우유를 넣어요.
我姨妈在喝咖啡的时候放牛奶。

(4) 우리 외할아버지는 신문을 읽을 때 안경을 쓰세요.
我外公在看报纸的时候戴眼镜。

3~4.

존: 윤아 씨, 예쁜 꽃다발이네요. 어디에 가세요?
约翰 : 允儿, 好漂亮的花束啊。你去哪儿?

윤아: 오늘 할머니 생신이어서 가는 길이에요. 할머니께서 꽃을 아주 좋아하셔서 생신 때 마다 장미꽃을 사요.
允儿：今天是奶奶的寿辰，所以在去的路上。因为奶奶非常喜欢花，所以每次寿辰的时候都会买玫瑰花。

존: 할머니께서 좋아하시겠어요. 그런데 혼자 가세요?
约翰：你奶奶肯定会很喜欢。可是你一个人去吗？

윤아: 부모님은 나중에 오시고, 큰아버지와 큰어머니는 할머니 댁에 오셨을 거예요.
允儿：我爸妈一会儿来，伯父和伯母应该已经到奶奶家了。

5~7.

에릭: 우진 씨, 주말에 뭐 하셨어요?
埃里克：宇振，你周末做了什么？

우진: 조카의 돌잔치에 다녀왔어요. 오랜만에 가족들과 친척들을 만나서 반가웠어요. 그런데 잘 쉬지 못해서 조금 피곤하네요.
宇振：我去了侄子的周岁宴。见到了久违的家人们和亲戚们，所以很高兴。但是因为没能好好休息，所以有些累。

에릭: 돌잔치가 뭐예요? 처음 들었어요.
埃里克：周岁宴是什么？第一次听说。

우진: 아이의 첫 번째 생일에 가까운 사람들이 모여서 축하해주는 파티예요. 돌잔치에 갈 때 선물이나 돈을 준비해요. 아이에게 좋은 이야기를 해 주면서 즐겁게 파티를 해요. 맛있는 음식도 먹고요.
宇振：是孩子第一次生日的时候亲近的人聚在一起庆祝的派对。去周岁宴的时候要准备礼物或钱。向孩子说祝福的话，愉快地举行派对，并吃好吃的菜。

에릭: 아, 그렇군요. 우진 씨는 무슨 선물을 샀어요?
埃里克：啊，原来如此。宇振你买了什么礼物？

우진: 저는 조카가 운동선수가 되면 좋을 것 같아서 장난감 야구공을 샀어요.
宇振：我觉得侄子成为运动选手应该会很好，所以买了玩具棒球。

• 读一读

我虽然出生在韩国，但是从两岁起就在巴西生活，所以我不太擅长韩语。爸爸跟我说话时通常都会用韩语，所以我听韩语没有问题，但是说韩语很难。所以我为了学习韩语来了韩国。来到韩国已有三个月，现在已经有些习惯用韩语说话了。
上周末我的三姑姑举行了婚礼，姑父的故乡是大田，所以在那里举行了婚礼。结婚典礼上，来了爷爷、奶奶和很多亲戚，跟亲戚们用韩语进行了交谈。有不懂的时候，婶婶在旁边帮了我。虽然有些难，但是能和亲戚们用韩语交谈，我的心情非常好。我第一次在韩国看婚礼，与巴西的婚礼有所不同，非常有意思。

第一课 - 第二课 复习

第一课 – 第二课 词汇

점점 渐渐　　부탁하다 拜托，请求
연락처 联系方式

I. 听对话回答问题。

리타오: 존 씨, 오랜만이에요. 잘 지냈어요?
李涛：约翰，好久不见。 你过得好吗？

존: 네, 잘 지냈어요. 리타오 씨는 그동안 어떻게 지냈어요?
约翰：嗯，过得很好。李涛，你最近怎么度过的？

리타오: 전 좀 바쁘게 지냈어요. 한국 대학교에 들어가려고 준비를 하고 있어서요.
李涛：我最近过得很忙碌。 因为在为进入韩国大学而做准备。

존: 그래요? 정말 바빴겠네요.
约翰：是吗？那真的应该是很忙。

리타오: 네, 그런데 존 씨, 제가 신문방송학을 공부하려고 하는데 저를 도와줄 수 있는 친구가 있어요?
李涛：是的。约翰，我打算学新闻放送学，你有可以帮助我的朋友吗？

존: 제 친구 윤아의 동생이 신문방송학을 전공하고 있어요. 성격이 밝고 착해서 잘 도와줄 거예요.
约翰：我朋友允儿的妹妹正在读新闻放送学。她性格开朗善良，应该会帮忙的。

리타오: 그래요? 잘 됐네요. 준비가 점점 어려워져서 힘들었는데 고마워요.
李涛：是吗？太好了。因为准备的东西越来越艰难，所以很辛苦。谢谢你。

존: 아니에요. 다음에 윤아를 만날 때 부탁하겠어요.
约翰：不用谢，我下次见允儿的时候来拜托她。

II. 阅读以下内容，并回答问题。

发件人	yihana@hankuk.ac.kr
收件人	fighting_litao@yonsei.ac.kr
题目	你好？

李涛，你好。我通过约翰的介绍给你发送此邮件。
我的名字叫李韩雅，是在大学专攻新闻放送学的学生。学习新闻放送学大概两年了。我刚开始学习新闻放送学的时候觉得有些难，但是现在渐渐地变得越来越有趣。所以毕业后我打算在电视台工作。
李涛你也想在大学专攻新闻放送学对吗？你独自一人准备应该很难吧。如果准备的时候有什么想问的，请联系我。我会努力地帮助你。我的联系方式是010-2123-3464。等待你的联系。
李韩雅

韩国的文化：称呼

在韩国，对不是家人的对象也用家人或亲戚的称呼。例如，男性把比自己年长并关系好的人称作为“哥哥”、“姐姐”，朋友的妈妈也称作为“妈妈”。你应该能经常听到大家在餐厅时都将干活的人称作为“姨妈”。如果像家人一样称呼不是家人的人的话，能使得人与人之间的关系变得很近。

第三课 家乡

<1> 朋友的家乡

学习目标: 能够理解说明家乡的位置和环境的内容。

词汇

빌딩 建筑	해산물 海鲜
섬 岛	도시 都市, 城市
시골 乡下	북쪽 北边
유명하다 有名	관광지 观光圣地
위치 位置	하노이 河内
호찌민 胡志明	남쪽 南边
노르웨이 挪威	네덜란드 荷兰
오슬로 奥斯陆	속초 束草
동쪽 东边	동해 东海
구경거리 值得看的东西	케이블카 缆车
푸르다 青, 绿	

- **听一听**

1.

(1) 3년 만에 할머니가 살고 계신 섬에 갔습니다.
时隔三年, 我去了奶奶居住的岛。

(2) 세 달 만에 시골에 가서 부모님을 만났습니다.
时隔三个月, 我去了乡下见父母。

(3) 일주일 만에 고향에 전화했습니다.
时隔一个星期, 给家乡打了电话。

(4) 10년 만에 초등학교 때 친구를 만났습니다.
时隔十年, 我遇见了小学同学。

2.

(1) 가: 한국에 와서 닭갈비를 먹어 봤어요?
甲: 你来韩国吃过铁板鸡吗?
나: 네, 그런데 좀 매웠어요.
乙: 嗯, 但是有点辣。

(2) 가: 고향에서 스키를 타 봤어요?
甲: 你在家乡滑过雪吗?
나: 아니요, 우리나라에는 스키장이 없어요. 하지만 한국에서 스케이트는 타 봤어요.
乙: 不, 我国没有滑雪场, 但是在韩国滑过冰。

(3) 가: 제주도에 가 봤어요?
甲: 你去过济州岛吗?
나: 네, 제주도에 가 봤어요. 다음에는 부산에 가 보고 싶어요.
乙: 嗯, 我去过济州岛。下次想去釜山看看。

(4) 가: 윤아 씨 동생을 만나 봤어요?
甲: 你见过允儿的弟弟(妹妹)吗?
나: 아니요, 하지만 윤아 씨의 고향에 가서 윤아 씨 부모님께 인사를 드렸어요.
乙: 不, 但是我去了允儿的家乡, 向她的父母问好了。

3~4.

레오: 리타오 씨, 고향이 어디예요?
利欧: 李涛, 你的家乡是哪儿?
리타오: 제 고향은 중국 베이징이에요. 레오 씨는 베이징에 가 봤어요?
李涛: 我的家乡是中国北京。利欧你去过北京吗?
레오: 아직 못 가 봤어요. 베이징은 어디에 있어요?
利欧: 我还没去过, 北京在哪儿?
리타오: 베이징은 중국의 북쪽에 있는 도시예요. 유명한 관광지가 많아서 구경하러 오는 사람들이 많아요. 레오 씨도 한번 놀러 오세요.
李涛: 北京是位于中国北部的城市。因为有很多有名的旅游景点, 所以来参观的人很多。利欧你也来玩一次吧。

5~7.

흐엉: 노라 씨, 오랜만이에요.
香: 诺拉, 好久不见。
노라: 네, 흐엉 씨, 그동안 잘 지냈어요?
诺拉: 嗯, 香, 你这段时间过得好吗?
흐엉: 네, 저는 방학에 고향에 다녀왔어요. 삼개월 만에 갔는데 가족들을 만나서 정말 좋았어요. 고향 음식도 많이 먹었고요.
香: 嗯, 我放假期间回家乡了。时隔三个月回去, 见到家人们真的很开心。还吃了很多家乡菜。
노라: 흐엉 씨 고향은 베트남 어디예요?
诺拉: 香你的故乡是越南哪儿?
흐엉: 제 고향은 호찌민인데 베트남의 남쪽에 있어요. 경치가 아주 아름다운 도시예요. 노라 씨는 고향이 어디예요?
香: 我的家乡是胡志明, 在越南的南部。是风景非常美丽的城市。诺拉, 你的家乡是哪儿?
노라: 제 고향은 노르웨이의 오슬로예요. 들어 봤어요?
诺拉: 我的家乡是挪威的奥斯陆, 你听说过吗?
흐엉: 그럼요, 전에 텔레비전에서 봤을 때 바다가 정말 아름다웠어요.
香: 当然了, 之前在电视上看到的时候, 大海真的很美。

- **读一读**

上周末我去了很久没去的束草, 见了英洙。束草是英洙的家乡。这次也因为英洙带我们到处介绍, 所以度过了愉快的旅行。现在开始我来介绍一下我去过的束草的地方。
从首尔乘坐公共汽车往东边走大概两个小时左右就能看到束草。在束草有雪岳山和东海, 所以值得看的东西和可以做的事情很多。去雪岳山可以爬山, 也可以坐缆车上山。在束草看到的东海真的很蓝很干净。夏天可以在海水浴场度过愉快的时光。靠近大海的地方还有一个很大的湖, 可以散步或借自行车骑。另外, 附近还有很多漂亮的咖啡厅。一边看着美丽的风景, 一边喝咖啡的话, 心情会变很好。束草有很多好吃的食物, 所以还没有去过的各位请一定要去。

<2> 我的美丽家乡

学习目标: 能理解描述家乡的自然环境和生活面貌的内容。

词汇

그립다 想念
부럽다 羡慕
이렇게 这么, 这样
신선하다 新鲜
해운대 海云台
캘리포니아 加利福尼亚
호놀룰루 火奴鲁鲁
물론 无论
해변 海边
서핑 冲浪
행복하 幸福
외롭다 孤独, 寂寞
특별하다 特别
풍경 风景
하와이 夏威夷
서쪽 西边
세계 世界
와이키키 怀基基(Waikiki)
냄새 味道

- **听一听**

1.

(1) 내일은 바닷가에 가기 때문에 기분이 좋아요.
因为明天去海边，所以心情很好。

(2) 서울에 산이 많기 때문에 등산을 자주 할 수 있어요.
因为首尔山很多，所以能经常登山。

(3) 오늘부터 방학이기 때문에 고향에 가요.
因为从今天开始放假，所以回家乡。

(4) 고향에서는 일이 많았기 때문에 항상 피곤했어요.
因为在家乡发生了很多事，所以经常很疲惫。

2.

오늘 친구가 고향을 소개해 주었습니다. 서울은 큰 도시인데 친구의 고향은 작은 도시입니다. 서울 공기는 좋지 않은데 친구의 고향은 공기가 깨끗합니다. 서울에는 산이 있는데 친구의 고향에는 바다가 있습니다. 서울 사람들은 바쁘게 사는데 친구의 고향 사람들은 한가하게 지냅니다. 친구의 고향은 살기 좋을 것 같습니다. 친구가 정말 부럽습니다.
今天我的朋友介绍了家乡。首尔是个大城市，但是朋友的家乡是个小城市。首尔的空气不好，但是朋友家乡的空气很清新。首尔有山，朋友的家乡有海。首尔的人们过得很忙碌，朋友家乡的人们过得很清闲。朋友的家乡好像很适合居住。真羡慕朋友。

3~4.

노라: 제니 씨, 한국에 온 지 얼마나 됐어요?
诺拉：珍妮，你来韩国多久了？

제니: 1년쯤 됐어요. 고향을 떠난 지 오래 돼서 그리울 때도 있지만 가족들과 자주 전화해서 많이 힘들지 않아요.
珍妮：大概一年左右了。虽然离开家乡很久了也有很想念的时候，但是因为经常与家人们联系，所以不是很辛苦。

노라: 그런데 제니 씨는 고향에 있을 때도 이렇게 열심히 공부했어요?
诺拉：珍妮你在家乡的时候也这么努力地学习了吗？

제니: 아니요. 요즘은 한국어가 어려워서 공부하는 시간이 많은데 고향에서는 친구들과 많이 놀았어요. 우리 고향에는 예쁜 공원이 많기 때문에 산책도 자주 했고요.
珍妮：不，最近因为韩语太难，所以学习的时间多，在家乡的时候和朋友们玩得很多。在我的家乡因为有很多漂亮的公园，所以还经常散步。

5~7.

유키: 정희 씨, 점심 정말 맛있게 먹었어요. 서울에서 먹은 해산물보다 더 신선한 것 같아요. 이제 어디로 가요?
由希：贞熙，今天午饭吃得真香。好像比在首尔吃的海鲜还要新鲜。现在去哪儿？

정희: 유키 씨가 제 고향에 온 특별한 날이니까 좋은 곳으로 안내하겠어요. 경치가 정말 아름다운 곳이에요. 오늘은 맑으니까 일본까지 볼 수 있을 것 같아요.
贞熙：因为是由希你来我家乡的特殊的日子，所以带你去好地方。是风景真的很优美的地方。今天天气晴朗，应该甚至可以看到日本。

유키: 그래요? 빨리 가서 보고 싶어요. 우리 가서 사진도 많이 찍어요. 정희 씨는 사진 찍는 걸 좋아해요?
由希：是吗？我想快点去看。我们去了以后，再多拍点照片。贞熙你喜欢拍照片吗？

정희: 보통 때는 많이 안 찍는데 여행을 가서는 아름다운 풍경이나 맛있 는 음식 사진을 많이 찍어요.
贞熙：一般不怎么拍，去旅行的时候，会拍很多美丽的风景或者美食的照片。

유키: 어, 저기 바닷가네요. 사람들이 많군요.
由希：喔！那是海边啊。好多人啊。

정희: 저기는 해운대예요. 바닷물도 깨끗하고 근처에 구경거리도 많기 때문에 사람들이 많이 와요.
贞熙：那儿是海云台。因为海水很干净，附近值得看的东西也很多，所以有很多人来。

- **读一读**

我老家是美国夏威夷。夏威夷是位于美国加利福尼亚的西边和日本东边的岛屿。大海很美丽，而且有很多值得看的东西的地方。我家位于夏威夷的火奴鲁鲁。在火奴鲁鲁，因为居住着来自各个国家的人们，所以可以见到世界各国的文化，也可以吃很多国家的食物。当然也有好吃的韩式餐厅。
火奴鲁鲁的著名的旅游胜地怀基基海边因为从外国来旅游的人们而非常复杂。也能看到很多来新婚旅行的人们。因为值得看的东西很多，购物也很方便。很多人买咖啡和巧克力。夏威夷的咖啡香味很好，味道很特别。
我在家乡的时候，在大海度过了很多时间。和朋友们一起游泳，还玩了冲浪。刚开始冲浪的时候有些害怕，但现在练习多了，变得容易了。在凉爽的大海里和朋友们一起玩冲浪的话真的很幸福。

第四课 家

<1> 搬家

学习目标：能理解准备搬家和找房子的内容。

词汇

이사하다 搬家
짐 行李
이삿짐센터 搬家公司
싸다 打包

계약하다 签约
별로 不怎么
트럭 卡车
에어컨 空调
잊다 忘记
마음에 들다 满意、称心
어둡다 黑暗
중요하다 重要
불편하다 不方便
하숙집 寄宿房
싣다 装, 载
원룸 单间公寓
알아보다 打听
관리비 管理费
밝다 明亮

• **听一听**

1.

(1) 저는 어제 이사를 해서 오늘 좀 피곤합니다.
因为我昨天搬家了, 所以今天有点累。

(2) 혼자 사는 것이 심심하고 재미없습니다.
独自生活很无聊而且没有意思。

(3) 저는 하숙집에 사는데 불편한 게 너무 많습니다.
我住在寄宿房, 不方便的地方很多。

(4) 큰 집으로 이사하고 싶은데 돈이 별로 없습니다.
我想搬到大房子去, 但是没有多少钱。

2.

(1) 제가 사는 하숙집의 방이 너무 작아서 큰 방으로 이사했으면 좋겠어요.
我住的寄宿房的房间太小, 要是能搬到大点的房间就好了。

(2) 이삿짐 트럭에 이삿짐을 실어서 보냈어요. 새 집에 잘 도착했으면 좋겠습니다.
把搬家的行李装到搬运行李的卡车上送走了。希望能顺利到达新家。

(3) 방이 너무 더워서 방에 에어컨이 있었으면 좋겠어요.
房间太热了, 要是房间里有空调就好了。

(4) 학교와 집이 너무 멀어서 힘들어요. 좀 가까웠으면 좋겠어요.
学校和家太远, 所以很辛苦。要是能近点就好了。

3~4.

흐엉: 리타오 씨, 이사 준비가 힘들지요? 짐은 다 쌌어요?
香: 李涛, 准备搬家很累吧? 行李都打包好了吗?

리타오: 아니요. 제생각보다 시간이 많이 걸리네요. 모레가 이사하는 날인데 짐을 아직 다 못 싸서 걱정이에요.
李涛: 不, 比我想象的要花更多的时间呢。后天是搬家的日子, 行李现在都还没打包完, 所以很担心。

흐엉: 그럼 빨리 짐을 싸야겠네요. 제가 좀 도와드릴까요?
香: 那得快点打包了啊。需要我帮忙吗?

리타오: 진짜요? 정말 고마워요. 이사 준비가 너무 힘들어서 빨리 이사가 끝났으면 좋겠어요.
李涛: 真的吗? 太感谢了。搬家准备太辛苦了, 希望搬家能快点结束就好了。

5~7.

유키: 주앙 씨, 무슨 일이 있어요? 바쁜 일이 있는 것 같아요.
由希: 胡安, 你有什么事吗? 你好像有急事。

주앙: 제가 다음 주 금요일에 이사를 가요. 요즘 이사 준비 때문에 좀 바빠요.
胡安: 我下周五搬家。最近因为搬家准备, 所以比较忙。

유키: 왜요? 지금 사는 원룸에 문제가 있어요?
由希: 为什么? 现在住的单间公寓有问题吗?

주앙: 아니요. 지금 사는 집이 계약이 끝나서 학교 근처에 있는 아파트로 이사를 가요.
胡安: 不, 现在住的房子合约到期了, 所以搬到学校附近的公寓去。

유키: 아! 그럼 이삿짐센터를 예약했어요?
由希: 啊, 那你预约搬家公司了吗?

주앙: 아니요. 잊고 있었어요. 빨리 이삿짐센터를 찾아봐야겠어요.
胡安: 不, 忘记了。我得快点找找搬家公司。

유키: 네. 좋은 곳을 찾았으면 좋겠네요.
由希: 嗯, 希望你能找到好的地方。

• **读一读**

我现在住在延世大学宿舍。
因为宿舍在延世大学里, 所以来韩语学堂的时候非常方便。宿舍两个人一起共用一个房间, 所以有点不方便。我想独自生活, 所以正在寻找搬家的房子。
同班朋友介绍给我他正在居住的寄宿房, 所以去那个家看了。寄宿房的大妈很亲切, 而且房间很干净。但是房间比想象中的小, 而且有些暗, 所以不满意。
所以为了打听好房子, 我去了房地产。大叔给我看了一个单间公寓。单间公寓比寄宿房宽敞而且明亮。房间里还有一间小的洗手间。但是管理费有点贵。希望管理费能再便宜一些就好了。如果住在这个单间公寓的话, 往后的生活似乎会更方便。明天我要去房地产签合同。希望能在新家里发生好事就好了。

<2> 我住的房子

学习目标: 能理解家务和介绍我居住的房子的内容。

词汇

거실 客厅
현관 玄关
베란다 阳台
나중에 日后, 以后
편리하다 方便
미용실 美容院
세탁소 洗衣店
부엌 厨房
사용하다 使用
정리하다 整理
새로 新, 重新
동네 社区
찜질방 桑拿房
건물 建筑

• **听一听**

1.

가: 이 물건은 집 안에 있나요?
甲: 这个东西家里有吗?

나: 네. 집 안에 있어요.
乙: 嗯, 家里有。

가: 이걸 날마다 사용하나요?
甲: 这个每天都使用吗?

나: 아니요. 가끔 사용해요.
乙: 不, 偶尔使用。

가: 이 물건은 거실에서 쓰나요?
甲: 这个东西用在客厅吗?

나: 아니요. 보통 거실에는 없는 물건이에요.
乙： 不，一般是客厅里没有的东西。

가: 언제 필요한가요?
甲：什么时候需要？

나: 빨래할 때 필요해요.
乙： 洗衣服的时候需要。

2.

(1) 가: 짐 정리는 끝났어요?
甲：行李收拾完了吗？

나: 아니요, 아직 정리하는 중이에요.
乙：不，还在整理中。

(2) 가: 여보세요?
甲：喂？

나: 지금 청소하는 중이니까 제가 나중에 전화하겠습니다.
乙： 我现在在打扫，一会儿再给你电话。

(3) 가: 민수 씨 이것 좀 확인해 주세요.
甲： 民洙，请帮我确认一下这个。

나: 제가 지금 꽃에 물을 주는 중이니까 잠깐만 기다려 주세요.
乙： 我现在正在给花浇水，请稍等一下。

(4) 가 : 지금 다른 전화를 받는 중이니까 조금 이따가 전화하겠습니다.
甲：我现在正在接别的电话，稍后打电话给你。

나 : 네. 알겠습니다.
乙： 嗯，知道了。

3~4.

노라: 여보세요? 유키 씨, 이사는 잘 끝났나요?
诺拉：喂？由希，搬家顺利结束了吗？

유키: 네. 노라 씨! 지금 짐을 다 정리하고 청소를 하는 중이에요. 집을 청소하는데 생각보다 오래 걸리네요.
由希：嗯，诺拉！我现在整理完行李，正在打扫。打扫房子比想象的要久很多。

노라: 새로 이사한 집은 어떤가요?
诺拉：新搬的家怎么样？

유키: 원룸 안에 필요한 게 다 있어서 아주 편리해요. 밖에 경치도 좋고요.
由希：单间公寓里需要的东西都有，所以非常方便。外面风景也很好。

5~7.

존: 올리비아 씨! 어디에 가요?
约翰：奥莉维亚！你去哪儿？

올리비아: 아! 존 씨, 저는 지금 마트에 가는 중이에요.
奥莉维亚：啊，约翰，我现在正在去超市。

존: 이 근처에도 마트가 있나요?
约翰：这附近也有超市吗？

올리비아: 가까운 곳에는 없고, 좀 걸어서 옆 동네까지 가야 해요.
奥莉维亚：近的地方没有，需要走点路到隔壁的社区去。

존: 아. 그렇군요. 이사 온 지 얼마 안 돼서 이 동네를 잘 몰라요. 올리비아 씨는 이 동네에서 산 지 얼마나 됐어요?
约翰：啊，原来如此。我搬家没来多久，对这个社区不是很了解。奥莉维亚你住在这个社区多久了？

올리비아: 저는 이 동네에서 산 지 1년 쯤 됐어요. 이 동네에는 공원하고 미용실 그리고 찜질방이 가깝게 있어서 편해요.
奥莉维亚：我在这个社区住了一年左右了。这个社区里离公园、美容院、桑拿房很近，所以很方便。

존: 혹시 이 근처에 세탁소도 있나요? 겨울옷을 세탁해야 해서요.
约翰：请问这附近有洗衣店吗？因为要洗冬天的衣服。

올리비아: 그럼요. 저기 보이는 미용실 건물 2층에 세탁소가 하나 있어요.
奥莉维亚：当然了。那边看到的美容院建筑的2楼有一个洗衣店。

• **读一读**

＜想快点见面!＞
宿舍里不能做饭很累吗? 寄宿房大妈的菜不好吃吗? 那么，在单间公寓里与做饭做得好的室友一起做好吃的饭菜吃怎么样?
你好。我是来自日本的由希。我正在找单间公寓的室友。一个人住在单间公寓里，所以很无聊无趣，想找一个一起住的室友。
因为我的单间公寓在学校附近，所以步行到学校需要5分钟。在单间公寓附近还有洗衣店和美容院，可以方便地使用。而且房间又大，洗手间也很干净。单间公寓内有空调和洗衣机，非常方便。家里还有个小厨房，所以做饭也会方便。
因为我擅长并且喜欢做饭，所以不会做饭的朋友也没关系。但是因为不擅长打扫卫生，所以希望是擅长打扫卫生的朋友做我的室友就好了。想和我一起吃美味的食物，并且想开心地生活的，请以电子邮件的方式联系我。
邮箱: kliyuki@yonsei.ac.kr

第三课 - 第四课　复习

第三课 – 第四课　词汇

만리장성　万里长城	발표　发表
서재　书房	편의 시설　便利设施

I. 听对话回答问题。

윤아: 리타오 씨, 지금 뭐 해요?
允儿：李涛，你现在在做什么？

리타오: 숙제를 하는 중이에요, 윤아 씨. 다음 주에 학교에서 고향 이야기 발표를 해야 되기 때문에 지금 고향을 소개하는 글을 쓰고 있어요.
李涛：我正在写作业。允儿，因为下周要在学校发表关于家乡的故事，所以现在正在写介绍家乡的文章。

윤아: 그래요? 리타오 씨는 베이징에서 왔지요? 저는 베이징에 가 보지 못했는데 구경거리가 많은가요?
允儿：是吗？李涛你来自北京吧？我没去过北京，值得看的东西多吗？

리타오: 그럼요, 베이징에는 가 볼 곳이 아주 많아요. 제가 고향에서 찍은 사진을 좀 보여 드릴까요? 음... 여기는 유명한 관광지인 만리장성이고, 또 여긴 고향

사람들이 많이 가는 공원이에요. 우리 할아버지는 매일 아침 일찍 거기에 가서 운동을 하세요.
李涛：当然啦，北京值得去的地方非常多。给你看一下我在家乡拍的照片吗？嗯…这里是有名的旅游胜地万里长城，这里是家乡的人们经常去的公园。我爷爷每天早上去这里做运动。

윤아: 어, 여기는 어디예요? 아주 멋있는 집이네요.
允儿：哎呀，这里是哪儿？好漂亮的房子啊。

리타오: 얼마 전에 이사한 우리 집이에요.
李涛：这是不久之前我们搬的新家。

윤아: 와, 정말 크고 예뻐요. 우리 고향 집은 아파트가 아닌데 리타오 씨 집은 아파트군요.
允儿：哇，真大真漂亮。我家乡的房子不是公寓，但是李涛你的家是公寓呢。

리타오: 네, 베이징에는 아파트에 사는 사람들이 많아요.
李涛：嗯，在北京住公寓的人们比较多。

윤아: 나중에 학교에서 발표할 때 이 사진들도 같이 보여 주세요.
允儿：下次在学校发表的时候，这些照片也一起给我们看吧。

리타오: 좋은 생각이네요. 그런데 사진을 보니까 가족들도 보고 싶고 집도 그리워지네요. 저녁에 숙제를 끝내고 오랜만에 할아버지께 전화드려야겠어요.
李涛：好主意啊。但是看着照片，又想念我的家人们，也想我的家了呢。晚上做完作业，要给好久没见的爷爷打电话。

II. 阅读以下内容，并回答问题。

这张照片是我北京的家的照片。刚搬家的那天和父母一起拍的。爸爸因为工作的地方和家比较近，所以喜欢这个家。妈妈因为客厅和厨房很宽敞，所以很喜欢。客厅和厨房很大，阳台稍微小一些。我在阳台上放了我喜欢的书，做了一个小书房。
我们社区居住起来很舒适。百货商店、餐厅、公园等便利设施很多。北京人们经常去公园散步和做运动。我搬家后一个月便来了韩国，所以还没去过家附近的公园。等到放假回家乡的时候跟家人一起(　　　　)就好了。

韩国的文化：韩国人的家

在韩国可以看到各种各样的房子。最常见的是公寓。公寓在规定的空间内可以容纳很多人，同时被认为很便利和安全，因此可以称得上是城市的代表性房子。此外，联排住宅和单独住宅也是很多韩国人们居住的地方。另外，也有一些人居住在韩国的传统房屋-韩屋。

第五课 饮食

<1> 介绍食物

学习目标：能理解介绍吃食物的方法的内容。

词汇

고추장 辣椒酱	식초 食醋
설탕 砂糖	뿌리다 撒
넣다 放	찍다 蘸
비비다 拌	닭고기 鸡肉
채소 蔬菜	만두 饺子
양념 调味料	직접 直接
소스 酱	음료 饮料
무료 免费	파전 葱煎饼
파 葱	중에서 中
설렁탕 牛杂碎汤	소고기 牛肉
국 汤	말다 泡
소금 盐	반찬 小菜
깍두기 萝卜块泡菜	치맥 炸鸡和啤酒
대구 大邱	페스티벌 庆典
선택하다 选择	메뉴 菜单
프라이드치킨 油炸鸡	콘서트 演唱会

• **听一听**

1.

(1) 가: 어느 나라 음식이에요?
甲：是哪个国家的食物？
나: 이탈리아 음식인데 한국에서도 많이 먹어요.
乙：是意大利菜，在韩国也经常吃。

(2) 가: 이건 어떤 음식이에요?
甲：这是什么食物？
나: 그건 닭고기와 여러 가지 채소로 만드는데 좀 매워요.
乙：那是用鸡肉和各种蔬菜做的，有点辣。

(3) 가: 만두는 어떻게 먹어요?
甲：饺子怎么吃？
나: 이 양념은 좀 짠데 여기에 찍어서 먹으면 맛있어요.
乙：这个调味料有点咸，在这儿蘸着吃好吃。

(4) 가: 오늘은 뭘 먹을까요?
甲：今天吃什么呢？
나: 이 음식은 시원해서 여름에 많이 먹는데 오늘은 날씨가 더우니까 이걸 먹읍시다.
乙：这道菜很凉爽，所以在夏天经常吃，今天天气很热，吃这个吧。

2.

오늘은 신촌의 유명한 떡볶이 집을 소개하겠어요. 여기는 떡볶이를 직접 만들어서 먹는 집이에요. 먼저 떡볶이에 넣고 싶은 채소를 골라 보세요. 소스는 매운 맛과 단 맛이 있으니까 좋아하는 맛의 소스도 고르세요. 그리고 맛있는 떡볶이를 만들어 보세요. 음료도 무료니까 꼭 가 보세요.
今天我们来介绍一下新村有名的炒年糕店。这里是自己亲手制作炒年糕的店。先挑选一下想放进炒年糕的蔬菜吧。酱有辣味的和甜味，同时也请选择喜欢的酱吧。然后请尝试制作好吃的炒年糕。饮料也是免费的，请一定要去看看。

3~4.

유키: 주앙 씨, 좋아하는 한국 음식이 뭐예요?
由希：胡安，你喜欢的韩国菜是什么？

주앙: 저는 파전을 좋아하는데 파전은 파로 만든 음식이에요.
胡安：我喜欢葱煎饼，葱煎饼是用葱做的菜。

유키: 맛이 어때요? 맵지 않아요?
由希：味道怎么样？不辣吗？

주앙: 네, 맵지 않아요. 간장에 찍어서 먹으면 더 맛있어요. 유키 씨도 꼭 드셔 보세요.
胡安：嗯，不辣。蘸着酱油吃的话会更好吃。由希你也一定要尝一尝哦。

5~7.

존: 윤아 씨, 한국 음식 중에서 뭐가 제일 맛있어요?
约翰：允儿，韩国菜里最好吃的是什么？

윤아: 저는 설렁탕을 제일 좋아해요. 설렁탕을 먹어 봤어요?
允儿：我最喜欢牛杂碎汤。你吃过牛杂碎汤吗？

존: 아니요, 아직 못 먹어 봤어요. 어떤 음식이에요?
约翰：不，我还没吃过。是什么样的菜呢？

윤아: 설렁탕은 소고기로 만든 음식이에요. 소고기 국에 밥을 말고 파하고 소금을 넣어서 먹는 음식이에요.
允儿：牛杂碎汤是用牛肉做的菜。把饭泡在牛肉汤里之后，放点葱和盐后吃的菜。

존: 어떤 반찬하고 먹으면 좋아요?
约翰：和什么小菜一起吃好呢？

윤아: 깍두기하고 같이 드셔 보세요. 깍두기는 무로 만든 김치인데 설렁탕하고 같이 먹으면 정말 맛있어요.
允儿：请和萝卜块泡菜一起吃。萝卜块泡菜是用萝卜做的泡菜，和牛杂碎汤一起吃的话真的很好吃。

• **读一读**

奥莉维亚的韩国生活
我和我的朋友们爱吃炸鸡和啤酒! 所以上周去了大邱炸鸡啤酒庆典。
人真的很多，炸鸡也真的很多。其中我们选择的菜是油炸鸡、大蒜炸鸡和调味炸鸡。
炸鸡啤酒一定需要啤酒吧? 所以还买了凉爽的啤酒。朋友们最喜欢油炸鸡。蘸着蒜汁吃的大蒜炸鸡也很受欢迎。调味炸鸡既辣又甜，我觉得这个调味炸鸡最好吃。没吃过的人一定请尝一尝~
一边吃炸鸡啤酒，一边还可以免费观看演唱会。真的很有意思。一定要去大邱炸鸡啤酒庆典哦~!!!

<2> 食材和饮食

学习目标: 能理解说明食材和烹饪法的内容。

词汇

면 面	삶다 煮
볶다 炒	썰다 切
냄비 汤锅	프라이팬 平底锅
접시 碟子	덜다 盛
따로 另外	실수 失误
잃어버리다 丢失	섞다 混合
삼계탕 参鸡汤	인삼 人参
마늘 大蒜	대추 大枣
끓이다 '끓다' 的使动词，煮	방법 方法
돼지고기 猪肉	두부 豆腐
햄 火腿	잡채 什锦炒菜
재료 材料	당면 粉条
버섯 蘑菇	당근 胡萝卜
양파 洋葱	시금치 菠菜
달걀 鸡蛋	다지다 剁
참기름 香油	후추 胡椒
끓다 煮	꺼내다 掏出
부치다[1] 煎	담다 盛、装

• **听一听**

1.

(1) 저는 탕수육을 먹을 때 소스에다가 고기를 찍어서 먹어요.
我在吃糖醋肉的时候，拿调味酱蘸肉吃。

(2) 채소를 냄비에 넣지 마세요. 프라이팬에다가 넣고 볶으세요.
不要把蔬菜放入汤锅里，放在平底锅里炒。

(3) 앞에 있는 접시에다가 이 음식을 덜어서 드세요.
把这道菜盛到面前的碟子上后吃吧。

(4) 저는 국에다가 밥을 말지 않고 국과 밥을 따로 먹어요.
我不把饭泡在汤里吃，汤和饭另外吃。

2.

저는 처음에 한국에 왔을 때 실수를 많이 했어요. 선생님께 "안녕?"하고 인사한 적이 있어요. 버스를 잘못 타서 길을 잃어버린 적도 있어요. 그리고 비빔밥을 섞지 않고 채소만 따로 먹은 적도 있어요. 지금은 익숙해졌지만 처음에는 젓가락을 쓸 때도 실수를 많이 했어요.
我刚来韩国的时候犯了很多错误。我向老师问候的时候说过"你好"。也坐错过公交车还迷过路。还有拌饭没拌，只另外吃蔬菜。 虽然现在已经习惯了，但刚开始使用筷子的时候有过很多次失误。

3~4.

리타오: 노 라 씨, 삼계탕을 먹은 적이 있어요?
李涛：诺拉，你吃过参鸡汤吗？

노라: 아니요, 먹은 적이 없어요. 하지만 들어 봤어요. 닭고기로 만드는 음식이지요?
诺拉：不，我没吃过，但是听说过。是用鸡肉做的食物吧？

리타오: 네, 닭고기에다가 인삼, 마늘, 대추를 넣고 끓여서 만드는 음식이에요.
李涛：是的，在鸡肉的基础上放入人参、大蒜、大枣煮制的食物。

노라: 건강에 좋겠네요. 먹어 보고 싶어요.
诺拉：对健康很有益吧。想尝尝看。

5~7.

에릭: 레오 씨, 한국 음식을 만들어 본 적이 있어요?
埃里克：利欧，你做过韩国菜吗?

레오: 그럼요, 에릭 씨. 여러 가지 한국 음식을 만들어 봤어요.
利欧：当然啦，埃里克，我做过各种各样的韩国菜。

에릭: 그럼 김치찌개도 만들어 봤지요? 만드는 방법 좀 가르쳐 주세요.
埃里克：那你也做过泡菜汤吧? 请教我制作的方法吧。

레오: 네, 먼저 냄비에다가 돼지고기하고 김치를 넣고 볶으세요. 좀 볶은 후에 물을 넣고 10분쯤 끓이세요. 그리고 두부, 양파, 파를 썰어서 넣고 조금 더 끓이세요.
利欧：嗯，先在锅里放入猪肉和泡菜翻炒，炒一会后再放入水煮10分钟左右。然后把豆腐、洋葱、葱切成块放入

锅中，再煮一会。

에릭: 생각보다 쉽네요.
埃里克：比想象的要简单啊。

레오: 어렵지 않아요. 돼지고기가 없으면 햄을 넣어 보세요. 햄 김치찌개도 맛있어요.
利欧：不难。没有猪肉的话，请放入火腿。火腿泡菜汤也很好吃。

• **读一读**

<通过烹饪学韩语>

什锦炒菜

你做过什锦炒菜吗？什锦炒菜是韩国在宴会上一定要吃的食物。一起来制作什锦炒菜怎么样？

材料：粉条、牛肉、蘑菇、胡萝卜、洋葱、菠菜、鸡蛋
调味料：蒜末、香油、酱油、盐、砂糖、胡椒

1、在肉中加入大蒜、酱油、砂糖、香油、胡椒搅拌。
2、在开水里放入菠菜，过了1分钟后拿出，在菠菜里放入大蒜和盐调味。
3、把鸡蛋煎了之后切细条。
4、切洋葱、蘑菇、胡萝卜。
5、先炒洋葱，然后再请将胡萝卜、蘑菇和肉分开炒。
6、将粉条煮6~7分钟。
7、在平底锅里放入粉条和酱油进行翻炒。
8、在粉条里放入炒好的蔬菜和肉搅拌均匀。如果需要的话，请再撒少许的酱油、香油、砂糖、胡椒粉。
9、把什锦炒菜盛在盘子里，在那上面放上漂亮的鸡蛋。

第六课 市场

<1> 便利店

学习目标：能理解介绍购物场所的内容。

词汇

식료품 食品原料	생활용품 生活用品
냉동식품 冷冻食品	생수 矿泉水
치약 牙膏	라면 方便面
이불 被子	손님 客人
여러분 各位、大家	방문하다 访问、拜访
장을 보다 采购	특히 特别
택배 快递	도시락 盒饭

• **听一听**

1.

(1) 토마토는 어디에서 파나요?
西红柿在哪儿卖？

(2) 생수를 찾고 있는데 못 찾겠네요.
我在找矿泉水，找不到呢。

(3) 치약을 사야 해요. 어디에서 팔까요?
我要买牙膏，在哪儿卖呢？

(4) 라면은 생활용품 파는 곳에 있나요?
方便面在卖生活用品的地方吗？

2.

(1) 가: 새 이불을 사려고 해요. 시장에 가면 살 수 있을까요?
甲：我想买新的被子，去市场的话可以买到吗？
나: 인터넷으로 사면 더 쌀 거예요.
乙：网上买的话会更便宜。

(2) 가: 이 근처에 과일 파는 곳이 없을까요?
甲：这附近没有卖水果的地方吗？
나: 편의점에서 팔 거예요. 요즘 편의점에 가면 다 있어요.
乙：便利店应该会卖，最近去便利店的话什么都有。

(3) 가: 지금 학생식당에 가면 사람이 많을까요?
甲：现在去学生食堂的话人会很多吗？
나: 점심시간이어서 사람이 많을 거예요. 오늘은 신촌에 가서 먹읍시다.
乙：因为是午休时间，所以人应该会很多。今天去新村吃吧。

(4) 가: 오늘 숙제가 많아요. 지금 도서관에 자리가 있을까요?
甲：今天作业很多。现在图书馆还会有座位吗？
나: 이번 주에 시험이 있어서 자리가 없을 거예요. 커피숍에 가는 게 어때요?
乙：这周有考试，应该不会有。去咖啡厅怎么样？

3~4.

윤아: 존 씨, 남대문 시장에는 처음 와 봤지요? 구경해 보세요. 물건도 많고 백화점보다 값도 쌀 거예요.
允儿：约翰，你是第一次来过南大门市场吧？请参观一下。东西也很多，而且价格也应该会比百货商店便宜。

존: 동대문 시장에는 가 봤는데 여기는 처음이에요. 정말 없는 물건이 없네요. 여름 이불을 사야 해요. 여기에 있을까요?
约翰：我去过东大门市场，这里还是第一次。真的什么都有呢。我要买夏天的被子。这里有吗？

윤아: 그럼요. 저쪽으로 가면 이불이나 방석 같은 물건을 싸게 파는 가게가 있어요. 아마 조금 깎아줄 거예요.
允儿：当然了。往那边走的话，有卖便宜的被子或坐垫之类东西的商店。应该会稍微再给便宜一点。

존: 백화점에서 사려고 했는데 여기에서 싸게 살 수 있겠어요. 정말 고마워요.
约翰：本来打算在百货商店买的，这里可以便宜的买到了呢。真的很感谢。

5~7.

손님 여러분 안녕하십니까? 오늘도 우리 행복 마트를 찾아 주셔서 감사합니다. 우리 마트는 이번 5월에 월요일에는 비누와 치약 같은 생활용품의 가격을 30% 내리고, 금요일에는 만두나 피자 같은 냉동식품을 똑같이 30% 싸게 팔겠습니다. 주말에는 라면이나 몇 가지 음료를 50%에 살 수 있으니까 꼭 우리 마트를 방문해 주십시오. 또 날마다 저녁 7시부터 문 닫을 때까지 채소와 과일을 반값에 드리겠습니다. 다음 달에도 이렇게 싸게 팔까요? 아닙니다. 5월에만 싸게 팝니다. 우리 행복 마트에서 장을 보시면 모두가 행복해지실 거예요.
各位客人好，感谢您今天也光临我们幸福超市。本店将于5月的星期一将香皂和牙膏等生活用品的价格下调30%，在周五将饺子或披萨之类的冷冻食品降价30%。周末您可以以50%的价格买到方便面或几款饮料，所以请务必访问我

们超市。另外，每天晚上7点到关门为止，蔬菜和水果都会半价出售。下个月也能卖得这么便宜吗？不，仅5月份卖得便宜。在我们幸福超市里采购的话，各位都会幸福的。

• **读一读**

在韩国，外国人喜欢的地方是哪儿呢？每个人都会不同。我在韩国最喜欢的地方是便利店。虽然这里有很多卖食品和生活用品的地方，但其中我最常去便利店。

便利店在我们生活的地方好像都有。我的寄宿房附近也有便利店，所以经常去。超市很早就关门了，便利店是24小时开门营业，所以很晚也可以去。生活中所需的所有东西都可以在便利店买到，最近还可以寄快递，变得更加便利了。特别是有各种便当，可以在便利店用餐所以很好。

便利店虽然不大，但什么东西都有。生活用品、食品、蔬菜、水果、饮料、冷冻食品等都有卖，我通常都会买很多矿泉水、牛奶、水果。因为一个人住，在超市里买水果的话太多了所以不经常买，在便利店里卖少量的所以很喜欢。希望今后附近的便利店能变更多。

<2> 网上购物中心

学习目标：能理解推荐购物场所的内容。

词汇

패션 잡화 时尚杂货	가전제품 家用电器
스포츠 용품 体育用品	장갑 手套
축구화 足球鞋	식당가 美食街
인터넷 쇼핑 网上购物	빙수 刨冰
쿠폰 优惠劵	고속 터미널 高速客运汽车站
상가 商家	비교하다 比较
생필품 生活必需品	클릭 点击
회원 会员	

• **听一听**

1.

(1) 가: 침대를 구경하고 싶은데 몇 층에 있나요?
甲：我想看看床，请问在几楼？
나: 5층에 있어요. 가전제품 매장 옆이에요.
乙：在5楼，在家电产品卖场的旁边。

(2) 가: 친구한테 장갑을 선물하려고 하는데 여성복 매장에 가면 되겠지요?
甲：我打算买手套送给朋友，去女装卖场就行了吧？
나: 아니요. 패션잡화 매장에서 팔아요.
乙：不，在时尚杂货卖场出售。

(3) 가: 축구화가 필요한데 어디에 있어요?
甲：我需要足球鞋，请问在哪儿？
나: 아마 5층에 있을 거예요. 여기 식당가에서 두층 내려가세요.
乙：应该在5楼，请从这边的美食街往下走两楼。

(4) 가: 아이 옷을 찾고 있는데 여기에는 없나요?
甲：我在找小孩的衣服，这里没有吗？
나: 여기는 남성복 매장입니다.
乙：这里是男装卖场。

2.

저는 친구들에게 가끔 인터넷쇼핑으로 선물을 사서 보내요. 주앙 씨가 요즘 많이 더워해서 시원한 빙수 쿠폰을 선물해줬어요. 또 흐엉 씨는 요즘 한국 소설책을 재미있어 해서 인터넷 서점에서 한 권 사서 보내줬어요. 에릭 씨는 요즘 너무 피곤해해서 커피 쿠폰을 보내줬어요. 노라 씨는 요즘 한국 영화를 보고 싶어해서 영화표를 보내줬어요. 친구들이 선물을 받으면 아주 기뻐해서 저도 기분이 정말 좋아져요. 여러분도 친구들에게 선물해 보세요.

我偶尔通过网上购物送礼物给朋友们。因为胡安最近觉得很热，所以我送了凉爽的刨冰优惠劵给他。 还有因为香最近觉得韩国小说书很有趣，所以在网上书店买了一本送给了她。因为埃里克最近太累了，所以送了咖啡优惠券给他。因为诺拉最近想看韩国电影，所以送了我电影票给她。 朋友们收到礼物很高兴，所以我的心情也变得很好。各位也给朋友们送礼物吧。

3~4.

유키: 윤아 씨, 고향에서 어머니가 오시는데 어디에서 같이 쇼핑하면 좋을까요?
由希：允儿，我妈妈从家乡来，去哪儿购物好呢？

윤아: 저는 고속터미널 지하 쇼핑 상가에 자주 가요. 여성복이나 남성복 할인 매장이 있어서 항상 싸게 살 수 있어요. 또 귀걸이나 목걸이 같은 싸고 예쁜 액세서리도 많으니까 구경해 보세요. 그리고 근처에 백화점이나 서점, 영화관 같이 구경거리가 많아서 좋을 거예요.
允儿：我经常去高速客运汽车站的地下购物商场。因为有女装或男装打折卖场，所以常常可以很便宜地购买。还有很多便宜又漂亮的耳环或者项链之类的饰品，去看看吧。另外附近还有百货店、书店、电影院等很多值得看的东西，所以应该会不错。

유키: 저희 어머니가 쇼핑을 좋아하시는데 거기 가면 재미있어하실 것 같아요. 소개해 줘서 고마워요.
由希：我妈妈喜欢逛街，如果去那里的话应该会觉得很有趣。谢谢你介绍给我。

윤아: 참, 유키 씨 어머니가 꽃도 좋아하시지요? 잘 됐어요. 근처에 꽃집도 많이 있으니까 한번 가 보세요.
允儿：对了，由希你妈妈应该也喜欢花吧？太好了。那附近还有很多花店，也去看看吧。

5~7.

미선: 올리비아 씨, 어디에 가는 길이에요?
美善：奥莉维亚，你去哪儿？

올리비아: 백화점에 가는 길이에요. 며칠 전에 새 룸메이트가 왔는데 소파가 없으니까 방에 앉을 때 많이 불편해해요. 소파를 하나 살까 하는데 백화점에서 팔겠지요?
奥莉维亚：我在去百货商店的路上。几天前来了新室友，因为没有沙发，坐在房间里的时候很不方便。我想买一个沙发，在百货商店应该卖吧？

미선: 백화점 가구 매장에 가면 다 있지만 많이 비쌀 거예요. 인터넷 쇼핑몰에서 사지 그래요?
美善：去百货店的家具卖场应该会有，但是会很贵。在网上购物商城买吧？

올리비아: 그런데 직접 보지 않고 사는 것이 괜찮을까요? 가끔 인터넷에 있는 사진하고 받은 물건이 달라서요.
奥莉维亚：但是不直接看一下就买没关系吗？因为偶尔网上的照片和收到的东西不同。

미선: 그래서 저는 먼저 백화점에 가서 사고 싶은 물건을 직접 본 후에 인터넷으로 값을 비교해 보고 인터넷 쇼핑몰에서 사요.
美善：所以我先去百货商店亲自选好想买的东西之后，然后在网上比较价格后，在网上购物中心上购买。

올리비아: 좋은 방법이네요. 저도 미선 씨처럼 백화점에 가서 먼저 구경하고 인터넷에서 사야겠어요.
奥莉维亚：这是个好办法呢。我也要像美善你那样先去百货商店看看，然后再在网上购买。

• 读一读

想买生活必需品、女装、家具，在哪儿可以轻松地购买呢？从百货商场的商品到超市的生活用品、食品，通过几次点击，均可轻松订购，并可以在家里收到商品。夏天家人们都觉得很热吗？想打算买空调吗？不需要去百货商店的家电产品卖场。请在我们的购物中心更便宜、更舒适地购买吧。
在炎炎夏日家人们想吃参鸡汤吧？请准备参鸡汤的材料。我们购物中心每周有几款减价的特价商品，您可以以低价购买。
我们购物中心经常有打折商品，当成为会员时还会赠送生日优惠券。生日的当月可以享受更多的折扣。请在我们的购物中心里便宜、舒适地购物吧。

第五课 - 第六课　复习

第五课 – 第六课　词汇

빈대떡 绿豆煎饼　　김치볶음밥 泡菜炒饭
간을 보다 尝咸淡、尝味道

I. 阅读以下内容，并回答问题。

我来韩国已经3个月了。到现在为止，我参观了首尔的很多地方。我最喜欢的地方是(　　　)。下面我介绍一下其中的两个地方。
在韩国有名的东大门市场，各种物品很多，值得看的东西也很多，可以很有意思地购物。而且还可以品尝到美味的韩国美食。另外还有经常打折销售的折扣卖场，里面有女装、男装、时装杂货卖场，可以非常便宜地购买各种各样的东西。
不久前，我和班里的同学一起去过一次广藏市场。在那里吃了拌饭和绿豆煎饼。在广藏市场卖的拌饭与之前吃过的拌饭有些不同。选择我喜欢的蔬菜放入碗里，然后放入辣椒酱和香油进行搅拌。因为是我亲自做的，所以觉得更好吃。
家乡的朋友们来韩国的话，请一定要去一下市场。进行愉快的购物，品尝美味的韩国菜。朋友们既能享受购物，韩国饮食也会觉得很美味。

II. 听对话回答问题。

유키: 에릭 씨, 내일 고향 친구가 한국에 오는 날이지요? 내일 뭐 할 거예요?
由希：埃里克，明天是家乡朋友来韩国的日子吧？明天打算做什么？

에릭: 친구가 쇼핑을 좋아해서 먼저 동대문에서 쇼핑을 하고, 명동에 가서 백화점에 있는 할인 매장도 구경할 거예요. 친구가 한국음식을 먹고 싶어 해서 집에서 만들어 먹으려고 하는데 무슨 음식을 만들면 좋을까요?
埃里克：我朋友喜欢逛街，所以先去东大门购物，然后去明洞逛百货商店里的打折卖场。朋友想吃韩国菜，我打算在家做，做什么菜好呢？

유키: 저는 한국 음식 중에서 김치볶음밥이 제일 만들기가 쉽고 맛있는 것 같아요.
由希：我在韩国菜中觉得泡菜炒饭最容易做并且好吃。

에릭: 김치볶음밥은 어떻게 만드나요?
埃里克：泡菜炒饭怎么做呢？

유키: 밥에다가 김치와 채소를 넣고 볶으세요. 간을 보고 소금을 조금 넣으세요. 어때요? 만들기가 아주 쉽지요? 저도 가족들에게 한번 만들어 준 적이 있는데 모두 맛있게 먹었어요.
由希：放入饭、泡菜和蔬菜炒一下，尝一下咸淡，再加点盐。怎么样？做起来很容易吧？我也给家人做过一次，大家都吃得津津有味。

에릭: 제 친구도 좋아할까요? 매워하지 않을까요?
埃里克：我的朋友也会喜欢吗？不会觉得辣吗？

유키: 맵지 않게 만들 수 있어요. 친구도 맛있어할 거예요. 한번 만들어 보세요.
由希：可以做得不辣。你的朋友也会觉得好吃的。试着做一次看看吧。

에릭: 쇼핑한 후에 같이 마트에 가서 채소와 과일도 사야겠어요. 친구가 맛있게 먹었으면 좋겠네요.
埃里克：那购物后要一起去超市买蔬菜和水果。希望朋友能吃得津津有味。

韩国的文化：广藏市场

广藏市场是位于首尔钟路的100多年的老市场。因为位于首尔市中心，所以外国游客很多，并且是长久以来深受韩国人喜爱的市场。这里有很多传统韩服店和被褥店。特别是有可以吃到很多韩国美食的美食街，所以非常有名。因为这里的绿豆煎饼、拌饭、紫菜包饭、生拌牛肉等非常有名，所以整天寻找美味的韩国传统美食的人们络绎不绝。

第七课 购物

<1> 想买的东西

学习目标：能理解购买物品的状况和描述想买的东西的内容。

词汇

양복 西装　　흰색 白色
블라우스 雪纺衫　　분홍색 粉红色

원피스 连衣裙	하늘색 天蓝色
운동복 运动服	어울리다 适合
에스엔에스(SNS) 社交网络	회색 白色
디자인 设计	립스틱 口红
유행이다 流行	로션 乳液
베스트 最佳	모양 模样, 样子
매우 非常	

• 听一听

1.

(1) 이 원피스가 저한테 맞을까요? 입어 봐도 돼요?
这件连衣裙适合我吗? 我可以试穿吗?

(2) 귀걸이가 예뻐요. 해 봐도 돼요?
耳环真漂亮, 可以试试吗?

(3) 모자가 저한테 어울릴까요? 써 봐도 돼요?
帽子适合我吗? 可以戴戴看吗?

(4) 가게가 예뻐서 제 에스엔에스(SNS)에 올리고 싶어요. 사진을 찍어도 돼요?
店铺很漂亮, 我想上传到我的SNS上面去。请问可以拍照吗?

2.

저는 마트에 자주 가요. 거기에 가면 옷을 파는 매장이 있는데 그 안에서는 음료수를 마시면 안 돼요. 옷을 사기 전에 옷을 입어 봐도 돼요. 신발도 신어 볼 수 있지만 양말은 신어 보면 안 돼요. 마트 안에는 서점과 커피숍도 있어요. 서점 안에서는 책을 읽어도 되지만 서점에 있는 책을 커피숍으로 가지고 가서 읽으면 안 돼요. 그리고 밖에서 산 음식을 커피숍에서 먹으면 안 돼요.

我经常去超市。那里有卖衣服的卖场, 里面不能喝饮料。买衣服之前可以试穿。虽然可以试穿鞋子, 但袜子不能试穿。超市里面还有书店和咖啡厅。书店里可以读书, 但不能把书店里的书拿到咖啡厅读。另外不能在咖啡厅里吃在外面买的食物。

3~4.

점원: 어서 오세요. 특별히 찾으시는 게 있어요?
店员：欢迎光临。请问有特别找的东西吗?

에릭: 요즘 입을 양복을 사려고 해요. 친구 결혼식에서 입어야 하는데 뭐가 좋을까요?
埃里克：我想买最近可以穿的西服。准备在朋友的婚礼上穿, 哪个好些呢?

점원: 이 양복은 어떠세요? 요즘 젊은 사람들이 많이 입는 디자인이에요. 검은색과 회색이 있는데 한번 보세요.
店员：这套西服怎么样? 这是最近年轻人常穿的款式。有黑色和灰色, 请看一下。

에릭: 이 회색 양복 입어 봐도 돼요?
埃里克：可以试穿一下灰色的西服吗?

점원: 네, 저쪽에서 갈아입으실 수 있습니다.
店员：嗯, 可以在那边换。

5~7.

노라: 이 립스틱 발라 봐도 돼요?
诺拉：可以试试这个口红吗?

점원: 그럼요. 여기 앞에 있는 건 발라도 됩니다. 뒤에 있는 건 바르면 안되고요. 분홍색이 손님에게 아주 잘 어울리네요.
店员：当然了。在这前面摆放的都可以涂抹, 后面的不能涂抹。粉红色很适合客人您呢。

노라: 음, 괜찮은 것 같아요. 이 색깔이 요즘 유행이에요?
诺拉：嗯, 好像还不错。这个颜色最近流行吗?

점원: 네, 가수 제이가 발라서 인기가 아주 많아요. 그리고 특별히 세일 중이어서 한 개 사시면 한 개를 더 드립니다.
店员：是啊, 歌手Jay涂了所以很受欢迎。而且现在在做促销, 买一个就再赠送一个。

노라: 그래요? 그럼 이거 주세요.
诺拉：是吗? 那就给我这个吧。

점원: 다른 건 더 필요하지 않으세요? 이 로션도 지금 세일하고 있는데 한번 발라 보세요. 저도 쓰고 있는데 아주 괜찮아요.
店员：别的不需要吗? 这个乳液也在打折, 您可以试试看。我也在用, 挺不错的。

노라: 그러네요. 이것도 하나 주세요.
诺拉：是这样呢。这个也给我一个吧。

• 读一读

夏天穿的最佳运动鞋3款!
今天来介绍一下夏季穿的运动鞋。最近我挑选了最具人气的三家运动用品公司的运动鞋。

1. A运动鞋 ★★★★
模样好看, 颜色也多样, 所以感觉女性们会喜欢。运动的时候可以穿, 平时穿也可以。
因为运动鞋很通风, 所以很凉快。放在洗衣机里洗也可以。

2.B运动鞋★★★
因为有大号的, 所以脚大的男性也可以穿。因为鞋子里面不会进水, 所以下雨天也可以穿着出门。
但是因为颜色只有白色, 所以很容易弄脏, 所以要穿得很干净。不能放在洗衣机里。

3.C运动鞋★★★★★
设计虽然不太漂亮, 但运动的时候非常好。因为轻便舒服, 所以会有种没有穿鞋的感觉。因为有在运动鞋上写名字的服务, 所以可以特别预订我自己的运动鞋。放在洗衣机里洗也可以。

<2> 物品介绍

学习目标：能理解介绍购买的物品和描述想卖的物品的内容。

词汇

사이즈 尺寸	비슷하다 差不多
맞다 合适	화려하다 华丽
쇼핑백 购物袋	까맣다 黑
파랗다 蓝	하얗다 白
빨갛다 红	사실 事实

의미 意义	마트 超市
홈쇼핑 居家购物	갈색 褐色, 棕色
무늬 纹路	단순하다 简单
올리다 上传	체크무늬 格纹
넘다 超过, 超出	

• **听一听**

1.

(1) 인터넷에서는 클릭만 하면 다 살 수 있어요.
在网上点击一下就都可以买到。

(2) 리에 씨는 취미가 쇼핑이에요.
理惠的兴趣爱好是购物。

(3) 오늘 서점에서 책을 다섯 권 샀어요.
今天在书店买了5本书。

(4) 고향에 돌아가기 전에 가족과 친구들 선물을 사러 갔어요.
回去家乡之前, 去买了家人和朋友们的礼物。

2.

(1) 밝은 곳으로 나가면 안경이 까매져요.
去明亮的地方, 眼镜就会变黑。

(2) 컵에 시원한 물을 넣으면 색깔이 파래져요.
在杯子里放入凉爽的水, 颜色便会变蓝。

(3) 이 치약으로 이를 닦으면 이가 정말 하얘져요.
用这个牙膏刷牙, 牙齿真的会变白。

(4) 열이 나고 빨개진 얼굴에 이 약을 바르십시오.
请在发烧、变红的脸上涂抹这个药。

3~4.

윤아: 유키 씨, 지금 하고 있는 목걸이 예쁜데요. 그런 디자인은 처음 봐요.
允儿 : 由希, 你现在戴着的项链真漂亮。我第一次看到这种设计。

유키: 이거요? 제가 한국에 오기 전에 어머니께서 주신 거예요. 사실 어머니도 외할머니한테서 받은 거예요.
由希 : 这个吗? 是我来韩国之前妈妈给我的。其实妈妈也是从外婆那儿收到的。

윤아: 아, 그래서 요즘 보기 어려운 디자인이군요. 특별한 의미가 있는 목걸이네요.
允儿 : 啊, 所以这是最近很难见到的款式啊。是有着特殊意义的项链。

유키: 네, 이걸 볼 때마다 고향에 계신 외할머니와 어머니를 생각할 수 있어서 얼마나 좋은지 몰라요.
由希 : 嗯, 每当看到这个的时候, 我可以想到在家乡的外婆和母亲所以特别好。

5~7.

주앙: 와, 레오 씨, 처음 보는 노트북이네요. 어디에서 샀어요?
胡安 : 哇, 利欧, 这是第一次见到的笔记本电脑哦。在哪儿买的?

레오: 홈쇼핑에서 샀어요. 백화점과 마트에도 가 봤는데 홈쇼핑이 제일 쌌어요. 어때요?
利欧 : 在居家购物上买的。去过百货商店和超市看过, 居家购物最便宜。怎么样?

주앙: 디자인도 멋있고 아주 가볍네요.
胡安 : 设计既好看又轻便。

레오: 네, 제가 전에 사용한 건 좀 무거웠는데 이건 얼마나 가벼운지 몰라요. 주앙 씨는 고향에서 노트북을 가지고 왔어요?
利欧 : 嗯, 我以前使用的有点重, 这个不知道有多轻。胡安, 你从家乡带笔记本电脑过来了吗?

주앙: 네, 그런데 제 노트북이 너무 커서 학교에 가지고 다니기가 좀 불편해요. 그래서 사이즈가 작은 노트북을 알아보는 중이에요.
胡安 : 嗯, 但是我的笔记本电脑太大了, 带着上学有点不方便。 所以正在打听尺寸小点的笔记本电脑。

레오: 주앙 씨도 홈쇼핑을 한번 보세요. 설명도 잘 해주고 전화 한 번으로 살 수 있으니까 정말 편해요.
利欧 : 胡安你也看看居家购物吧。说明的也好, 而且可以用电话购买, 所以真的很方便。

• **读一读**

标题 : 卖餐桌&椅子	
ID: yschoi	邮箱: yschoi@yonsei.com

可以供2个人使用的小餐桌和两把舒适的椅子。买了一年多了, 很干净。因为现在留学生活结束了要回家乡, 所以打算卖掉。我在超市买的价钱是25万韩元, 在这里卖10万元。
餐桌是暗棕色的, 椅子是黑色的。因为是没有花纹的单纯的设计, 所以放哪儿都会很适合。
我在这个餐桌上既吃饭, 还学习了。虽然尺寸不大, 但可以放好几本书学习, 而且往上放重的物品也可以, 不知道有多结实。
如果买的话, 我会一起送可以放在椅子上的坐垫。是有格纹的蓝色坐垫, 与餐桌很搭, 不容易脏所以很不错。
有兴趣的各位请给我发电子邮件。

第八课 邀请

<1> 聚会邀请

学习目标: 能理解介绍聚会和邀请的内容。

词汇

동아리 社团	동창회 同学会
동호회 同好会	모임 聚会
송별회 欢送会	환영회 欢迎会
환영하다 欢迎	초대하다 邀请,招待
서두르다 抓紧	보라색 紫色
뒤풀이 余兴派对	맛집 美食店
초대장 邀请函	미리 提前
다들 大家	

• 听一听

1.

(1) 저는 이번 주부터 자전거 동호회 모임에 나갈까 해요.
我在考虑从这周起参加自行车同好会聚会。

(2) 시험이 끝나서 친구들과 노래방에 가 볼까 해요.
因为考试结束了，所以我在考虑和朋友们去练歌房。

(3) 우리 동아리에 새 친구가 들어와서 환영하는 모임을 할까 해요.
我们社团来了新朋友，所以我在考虑举行欢迎会。

(4) 곧 생일이어서 반 친구들을 생일 파티에 초대할까 해요.
因为马上就要过生日了，所以考虑邀请同学们参加生日派对。

2.

(1) 가: 정환 씨! 회의는 몇 시에 시작해요?
甲：正焕！会议几点开始？
나: 2시에 시작하니까 서두릅시다.
乙： 2点开始，我们抓紧吧。

(2) 가: 어제 리에 생일파티에 갔어?
甲：昨天去了理惠生日派对吗？
나: 아니. 일이 있어서 못 갔어.
乙：不，因为有事所以没去成。

(3) 가: 언니 나 크리스마스 파티 할 때 이 보라색 옷 좀 입어도 돼?
甲： 姐姐，举行圣诞节派对的时候，我可以穿这件紫色的衣服吗？
나: 아니. 내가 입을 거니까 입으면 안 돼. 다른 옷을 입어.
乙：不行，我会穿这件，所以你不能穿，穿别的衣服吧。

(4) 가: 민호야, 우리 모임 장소가 어디지?
甲： 敏浩，我们聚会场所是哪儿？
나: 형! 신촌 역 근처예요. 제가 어디인지 아니까 걱정 마세요.
乙： 哥！在新村站附近。我知道在哪里，所以不用担心。

3~4.

존: 윤아야, 나 존인데 이번 주 금요일 저녁에 뭐 해? 그날 바빠?
约翰：允儿，我是约翰，你这星期五晚上干什么？那天忙吗？
윤아: 아니. 별로 바쁜 일은 없는데? 왜?
允儿：不，没什么特别的事，怎么了？
존: 리에가 다음 주 일요일에 고향에 돌아가. 그래서 친구들과 같이 파티를 할까 하는데 너도 올 수 있지?
约翰：理惠下周天回家乡，所以考虑和朋友们一起开派对，你也能来吧？
윤아: 응. 갈 수 있어. 그런데 모임은 어디에서 해? 몇 시까지 가면 될까?
允儿：嗯，能去，但是在哪儿聚会呢？几点为止到就行？
존: 학교 앞 한식집에서 하니까 저녁 7시까지 오면 돼.
约翰：在学校前面的韩式餐厅，晚上7点为止到就行。

5~7.

흐엉: 올리비아! 이번 주말에 명동에 가서 쇼핑할까 하는데 같이 갈 까?
香：奥莉维亚！我这周末考虑去明洞购物，一起去吗？
올리비아: 흐엉아, 미안하지만 동호회 모임이 있어서 같이 못 갈 것 같아.
奥莉维亚：香，很抱歉，我因为有同好会的聚会，所以不能一起去。
흐엉: 동호회 모임? 무슨 동호회인데?
香：同好会聚会？是什么同好会？
올리비아: 한국의 이곳저곳을 여행하는 동호회야. 여행을 가서 맛있는 것도 먹고 다 같이 사진도 찍고 게임도 하는데 정말 재미있어.
奥莉维亚：是去韩国各地旅行的同好会。去旅行吃好吃的东西，然后一起拍照，玩游戏，真的很有意思。
흐엉: 아 그래? 나도 여행을 좋아하는데 한국말을 잘 못해서 혼자 여행을 해 본 적이 없어.
香：啊，是吗？我也喜欢旅行，但是我韩语说得不好，所以没有一个人去过旅行。
올리비아: 그래? 그럼 우리 동호회 모임에 한번 와 봐. 모두 재미있고 친절한 분들이어서 쉽게 친해질 수 있을 거야.
奥莉维亚：是吗？那来一次我们同好会聚会吧。大家都很有趣，所以很容易就能变亲近。
흐엉: 정말 내가 가도 될까?
香：我真的可以去吗？
올리비아: 그럼. 다들 네가 오면 좋아할 거야. 이번 주 일요일 오후 2시에 연세공원 앞에서 모임이 있으니까 꼭 와.
奥莉维亚：当然，你来的话大家都会喜欢的。这周日下午2点延世公园前面有聚会，一定要来哦。

• 读一读

3年级2班的朋友们:
大家好! 好久不见了。高中毕业后, 一次都没有见过, 所以我们大概有3年没见了吧? 大家毕业后, 都过得怎么样?这段时间都过得好吗?
我发这个邀请函是因为同学会。我即将打算开新村高中3年级2班的同学会, 希望大家都能来参加。很想念大家, 所以如果没有急事的话, 一定来要参见这次同学会哦。
时隔许久, 和朋友们聚一聚, 吃好吃的东西, 聊有趣的故事。那天老师也会来看我们。吃完饭后还考虑去练歌房, 如果有不错的地方, 请告诉我。
到时候会拍集体照, 打扮得漂亮一点来哦。
美珍在国外留学, 好像不能来, 如果有那天没法参加的人, 请提前通知我。那同学会那天见!
慧珍
-时间:20**年5月20日 晚上6点半
-场所:新村 北京饭店

<2> 乔迁宴礼物

学习目标: 能理解关于准备礼物和乔迁宴的相关内容。

词汇

집들이 乔迁宴	와인 葡萄酒
병문안 探病	찻잔 茶杯
샴페인 香槟酒	디지털 카메라 数码相机

화분 花盆
급하다 急
샐러드 色拉, 沙拉
끝 终
디퓨저 无火香熏
빈손 空手
갈비찜 炖排骨
벽시계 挂钟
두루마리 卷纸
향초 香薰蜡烛

• 听一听

1.

(1) 가: 파티에서 마실 와인을 사 가지고 갈까?
甲：买了派对上喝的葡萄酒带去吗?
나: 안 돼. 존은 술을 못 마시니까 사지 마. 그냥 케이크를 사.
乙： 不行, 约翰不会喝酒, 别买了。就买蛋糕吧。

(2) 가: 오늘 저녁에 흐엉 집으로 가면 되는 거지?
甲：今天晚上去香的家就可以对吗?
나: 응. 6시 반에 바로 시작하니까 늦지 마.
乙： 嗯, 6点半开始, 别迟到。

(3) 가: 너무 배고프니까 밥 좀 먼저 먹어야겠어.
甲： 太饿了, 我得先吃饭了。
나: 친구들이 모두 올 때까지 기다려야 해. 먹지 마.
乙： 要等朋友们都来, 不要吃。

(4) 가: 집들이 선물로 휴지를 살까?
甲： 乔迁宴的礼物买卫生纸吗?
나: 아니야. 사 오지 마. 집에 휴지가 많이 있어.
乙： 不, 不要买, 家里有很多卫生纸。

2.

오늘 레오 씨 집에서 크리스마스 파티를 했습니다. 레오 씨는 소고기를 사 가지고 맛있는 불고기를 만들어 줬습니다. 유키 씨는 샴페인을 준비해 가지고 오고, 하늘 씨는 화분을 사 가지고 왔습니다. 흐엉 씨는 예쁜 사진을 찍으려고 친구에게 디지털 카메라를 빌려 가지고 왔습니다. 크리스마스 파티는 정말 즐거웠습니다.
今天在利欧家里举行了圣诞节派对。利欧买了牛肉, 做了好吃的烤肉给我们吃。由希带了香槟酒来, 天空买了花盆。香为了拍漂亮的照片, 她向朋友借来了数码相机。圣诞节派对真的过得很开心。

3~4.

유키: 노라야! 어디에 가?
由希：诺拉！你去哪儿?
노라: 유키야! 안녕? 친구가 결혼을 해서 결혼 선물을 사려고 백화점에 가는 길이야.
诺拉：由希, 你好, 因为我朋友结婚, 所以打算买结婚礼物, 现在在去百货商店的路上。
유키: 결혼 선물로 뭘 살 건데?
由希：你要买什么结婚礼物?
노라: 친구가 커피와 차를 자주 마시니까 예쁜 찻잔을 선물할까 해.
诺拉：朋友经常喝咖啡和茶, 所以想送漂亮的茶杯。
유키: 찻잔을 선물할 거면 백화점에 가지 마. 백화점은 좀 비싸. 남대문 그릇 시장에 가면 싸고 예쁜 찻잔이 많으니까 거기에 가 봐.
由希：送茶杯的话, 不要去百货商店。百货商店有点贵, 去南大门市场的话, 既便宜又漂亮的茶杯很多, 去那儿看看吧。

5~7.

윤아: 존! 하늘아! 어서와. 우리 집에 온 걸 환영해. 그런데 노라는 같이 안 왔어?
允儿：约翰！天空！快进来, 欢迎来到我家。但是诺拉没有一起来吗?
하늘: 노라는 오늘 급한 일이 있어서 집에 갔어. 오늘 못 올 것 같아. 그리고 윤아야! 이거 받아. 집들이에 초대를 받았는데 빈손으로 올 수 없어서 케이크를 사 가지고 왔어.
天空：诺拉今天有急事, 所以回家了。今天好像不能来了。允儿! 请收下这个。受到你的乔迁宴邀请, 不能空手来, 所以买了蛋糕来。
윤아: 와! 하늘아! 내가 딸기 케이크를 좋아하는 걸 어떻게 알았어?
允儿：哇! 天空! 你怎么知道我喜欢草莓蛋糕?
존: 나는 작은 화분을 하나 사 왔어. 이 화분은 집 안의 공기를 깨끗하게 만들어 주는 화분이야.
约翰：我买了一个小花盆。这个花盆是一种净化室内空气的花盆。
윤아: 존 정말 고마워. 오늘 저녁으로 갈비찜과 샐러드를 준비했는데 너희가 맛있게 먹었으면 좋겠어.
允儿：约翰真的很感谢, 今天的晚餐我准备了炖排骨和色拉, 希望你们能爱吃。
하늘: 정말 맛있는 음식을 많이 준비했네. 배가 고픈데 우리 먼저 먹어도 돼?
天空：真的准备了很多好吃的食物啊。肚子饿了, 我们可以先吃吗?
윤아: 안 돼 하늘아! 먼저 먹지 마. 조금만 기다리면 제임스가 올 거야. 그때 같이 먹어.
允儿：不行, 天空！先别吃, 稍候一会杰姆斯就来了。到时候一起吃吧。

• 读一读

埃里克:你记得今天要去李涛的乔迁宴吧?
香:当然, 可是乔迁宴要买什么带去呢?
埃里克:嗯......上次记得家里好像没有钟, 送钟怎么样?
民俊:那个好像不错, 买能挂在墙上的大点儿的钟吗?
香:不要买挂钟。因为在中国, 钟带有终的意义, 所以不能当礼物送。
埃里克:那么在韩国, 如果受到乔迁宴邀请的话, 买什么带去呢?
民俊:通常送卫生纸或肥皂、洗涤剂等生活用品。但是最近像香薰蜡烛或无火香熏一样的礼物也很受欢迎。
香:那我们买卫生纸带去吧? 因为卫生纸是经常用的东西。
民俊:好的, 然后再买一个放在洗手间的无火香熏。李涛应该会喜欢的。
埃里克:卫生纸买大的卷纸就行吧?
香:无火香熏我来买吗?
民俊:好的, 那大家一会儿5点半在学校门口见。
香:知道了。

第七课 - 第八课 复习

第七课 - 第八课 词汇

샤브샤브 火锅　　세제 洗涤剂

I. 听对话回答问题。

하늘: 유키 누나, 혹시 다음 주 금요일에 시간이 있어? 친구들을 초대해서 집들이를 할까 하는데 올 수 있어?
天空: 由希姐姐, 你下周五有时间吗? 我考虑邀请朋友们来乔迁宴, 你能来吗?

유키: 집들이? 나도 가도 되는 자리야?
由希: 乔迁宴? 我也可以去吗?

하늘: 그럼. 같이 맛있는 음식도 먹고 게임도 할 거니까 꼭 와.
天空: 当然, 一起吃好吃的食物, 然后一起玩游戏, 一定要来哦。

유키: 알았어. 하늘아, 집들이에 뭐 필요한 건 없어? 집들이에서 먹을 음식을 좀 사 가지고 갈까?
由希: 知道了。天空, 乔迁宴没有什么需要的东西吗? 要买些乔迁宴时吃的食物带去吗?

하늘: 음식은 사 오지 마. 내가 샤브샤브하고 잡채를 준비할 거니까 음식은 안 사 와도 돼. 윤아가 와서 음식 만드는 것을 도와 줄 거니까 걱정하지 마.
天空: 不用买食物。我会准备火锅和什锦炒菜, 所以不用买食物带来。允儿也会来帮忙做饭, 所以不用担心。

유키: 그럼 어떤 선물을 받고 싶어?
由希: 那你有想要的礼物吗?

하늘: 선물은 안 가지고 와도 돼. 그런데 친구들과 모두 같이 식사를 시작할 거니까 7시까지는 꼭 와. 늦으면 안 돼.
天空: 不用送礼物, 不过因为要和朋友们一起吃饭, 所以7点为止一定要到哦。不要迟到。

유키: 응. 알겠어. 필요한 게 생각나면 이야기해 줘.
由希: 嗯, 我知道了。如果有想起需要的东西就告诉我吧。

II. 阅读以下内容, 并回答问题。

我受到了下周朋友乔迁宴的邀请。因为我是第一次去韩国人的家, 所以非常期待。因为不能空着手去朋友家, 所以我考虑去乔迁宴的时候买礼物和花束送给朋友。
所以为了买送给朋友的礼物, 我去了南大门市场。在南大门市场可以买到各种各样特别的物品, 还可以用卡结算。我觉得朋友如果有好看的挂钟应该会不错, 所以在店里选了挂钟。看到的第一个挂钟是一个又大又华丽的黑色挂钟。因为朋友搬家的地方是一个小的单间公寓, 所以这个大钟恐怕不合适。
接下来看到的挂钟是画着白色的可爱小狗图案的挂钟。但是因为比想象的要贵, 所以没能买下那个挂钟。最后看的挂钟虽然设计简单, 但尺寸又小, 而且是朋友喜欢的蓝色挂钟。所以选择了这个挂钟。大叔给我便宜了很多, 所以便宜地买下了。希望这个挂钟朋友能喜欢。

韩国的文化 : 乔迁宴礼物

韩国人通常乔迁宴礼物送卫生纸或肥皂、洗涤剂等生活用品。送卫生纸是希望擦去坏的事情, 和所有事情都能顺利解决的意思。送香皂或洗涤剂是希望钱像泡沫一样多, 和希望有很多好的事情发生。但是也有不能当做乔迁宴礼物送的东西。不能送带有切断人和人之间的关系意义的刀和剪刀当做乔迁宴礼物。

第九课 约会

<1> 决定约会时间和场所

学习目标: 能理解为了见面和聚会与朋友约定的内容。

词汇

아/야 (长辈称呼晚辈, 或者同辈人之间称呼时, 有收音用아, 没有收音用야), 呀
저희 "우리" 的谦称, 我们,　　선배 前辈
전혀 完全　　앞으로 以后
바로 马上　　벌써 这么快就
너희 你们　　그래 好
이가/가 格助词, 表示处于或经历某种状况、进行某种动作的主语的标志。
무척 很　　드디어 终于
학기 学期
모이다 "모으다" 的被动型, 积攒
원하다 希望　　인턴 实习生
사흘 三天　　열흘 十天
닷새 五天　　이틀 两天
서른 三十　　살 岁
씻다 洗

- **听一听**

1.

(1) 앞으로 열심히 공부할게요.
我以后会努力学习的。

(2) 학교 끝나면 바로 갈게.
放学后马上就去。

(3) 그럼 커피는 내가 살게.
那咖啡我来买。

(4) 죄송해요. 다시는 안 그럴게요.
对不起, 我再也不会那样了。

2.

(1) 가(20대 남자): 나 약속이 있어서 먼저 간다.
甲 (20多岁男性) : 因为我有约, 所以先走了啊。
나(20대 여자): 벌써 가니? 잘 가.
乙 (20多岁女性) : 这么快就走吗? 再见。

(2) 가(50대 어머니): 민철아, 오늘 몇 시에 집에 오니?
甲 (50多岁妈妈) : 闵哲, 你今天几点回家?
나(20대 아들): 아마 늦게 올 거예요.
乙 (20多岁儿子) : 可能会晚点。

(3) 가(40대 남자): 날씨 참 좋다. 우리 오후에 밖에 나갈까?
甲 (40多岁男性) : 天气真好, 我们下午出去吗?
나(10대 남자와 여자): 좋아요.
乙 (10多岁男性和女性) : 好啊。

(4) 가(20대 여자): 너희 어디 가니?
甲 (20多岁女性) : 你们去哪儿?

나(20대 남자와 여자): 어? 선배님. 저희 동아리 모임에 가요.
乙（20多岁男性和女性）：嗯？前辈，我们去社团聚会。

3~4.

존: 윤아야, 이번 주 일요일이 하늘이 생일이야. 알고 있었니?
约翰：允儿，这周日是天空的生日。你知道吗?

윤아: 그래? 몰랐어. 그럼 생일 파티를 해야겠다. 언제가 좋을까?
允儿：是吗? 不知道，那得开生日派对。什么时候开好呢?

존: 나하고 하늘이가 토요일 7시까지 동아리 모임이 있으니까 토요일 저녁에 만나는 게 어때?
约翰：周六我和天空到7点为止有社团聚会，星期六晚上见面怎么样?

윤아: 잘 됐다. 나도 토요일 7시에 아르바이트가 끝나. 그럼 토요일 7시 반쯤이 좋겠다. 장소는 내가 찾아볼게.
允儿：正好，我也是周六7点半左右下班。那么，周六7点半左右好了。场所我来找。

존: 그래, 그럼 내가 하늘이에게 연락할게.
约翰：嗯，那我来联系天空。

5~7.

리타오: 민재야, 나 내일부터 방학이야.
李涛：民在，我从明天开始放假。

정민재: 그래? 뭐 좋은 계획 있니?
郑民在：是吗? 有什么好计划吗?

리타오: 응, 다음 주에 고향에 돌아갈 거야. 그런데 이번 주말에는 할 일이 없어.
李涛：嗯，下周回故乡。但是这个周末没事做。

정민재: 그래? 나도 주말에 약속이 없는데 잘 됐다. 리타오 너 한강 공원에 가 봤니? 우리 한강에 자전거 타러 갈까?
郑民在：是吗? 我周末也没约会，正好。李涛，你去过汉江公园吗? 我们去汉江骑自行车好吗?

리타오: 좋은 생각이다. 나도 한강 공원에 가 보고 싶었어. 언제 갈까? 토요일 오전에 갈까?
李涛：这是个好主意。我也想去汉江公园看看。什么时候去呢？ 星期六上午去吗?

정민재: 좋아. 토요일 오전 10시에 내가 전화할게. 가는 길이 무척 복잡하니까 학교 앞에서 만나서 같이 가는 게 좋겠다.
郑民在：好的，星期六早上10点我给你打电话。去的路很复杂，最好在学校前面见面后一起去。

• **读一读**

各位，大家好?我是约翰。暑假结束了，秋季学期终于开始了。为了庆祝度过了漫长而炎热的夏天，迎来凉爽的秋天，大家聚在一起度过愉快的时光吧。请在这里写下希望的时间和场所。

ㄴ[允儿：周末打工中]你好，过得好吗?我周末很忙，周末恐怕不行。

ㄴ[胡安：太无聊了ㅜㅜ]好久不见!我最近太无聊了。我无论什么时间都可以~

ㄴ[天空：好忙好忙!]我下周开始实习!要是能快点见面就好了。

ㄴㄴ[约翰：一定要聚]那这周星期五见面怎么样? 大家星期五都没问题吗?

ㄴ[允儿：周末打工中]星期五好~ 时间晚上6点怎么样?

ㄴ[天空：好忙好忙!]6点好!但是我因为太忙不能走太远，在学校前面见面怎么样?

ㄴ[约翰：一定要聚]好的，那在学校前面见。但是涛什么话也没说。

ㄴㄴ[胡安：太无聊了ㅜㅜ]我来联系涛。

ㄴ[约翰：一定要聚]谢谢。那我就去学校附近的餐厅看看然后预约吧。大家这周五6点在学校前面不见不散~

<2> 变更约会

学习目标：能理解变更或取消约会的内容。

词汇

사흘 三天	열흘 十天
닷새 五天	이틀 两天
서른 三十	살 岁
씻다 洗	취소 取消
연습 练习	축하 祝（贺）
지키다 （遵）守	갑자기 突然
어쩔 수 없다 没办法	몸 身体
일주일 一个星期	금방 马上

• **听一听**

1.

(1) 손 씻고 밥 먹어라.
洗完手再吃饭。

(2) 이번 동아리 모임에 꼭 와라.
这次社团聚会一定要来哦。

(3) 언제 밥 한번 먹자.
什么时候一起吃个饭吧。

(4) 앞으로 자주 연락하자.
以后经常联系吧。

2.

저와 제 친구는 지난주에 등산 약속을 했어요. 그런데 그날 비가 와서 그 약속을 취소하게 됐어요. 그래서 우리는 집에서 영화를 봤어요. 영화를 보면서 모르는 단어를 찾으니까 단어 공부를 많이 하게 됐어요. 듣기 연습도 하게 됐고요. 약속이 취소됐지만 영화도 보고 한국어 공부도 하게 돼서 좋았어요.

我和我的朋友上周约了登山。但是那天下雨了，所以那个约会取消了。因此我们在家里看了电影。一边看电影，一边找不知道的单词，所以学习了很多单词。同时练习了听力。虽然取消了约会，但是既看了电影，同时也学习了韩语，所以很开心。

3~4.
(전화)
(电话)
윤아: 존, 오늘 하늘이 생일 파티에 늦을 것 같아.
允儿：约翰，今天天空的生日派对我可能要迟到。
존: 왜? 윤아야, 무슨 일 있어?
约翰：为什么？允儿你有什么事吗？
윤아: 아르바이트하는 가게에 급한 일이 생겨서 한 시간 더 일하게 됐어.
允儿：我打工的店里发生了点急事，我还要多工作一个小时。
존: 그래? 알았어. 늦어도 되니까 꼭 와라. 생일 축하는 같이 하자.
约翰：是吗？知道了，晚点也没关系，一定要来哦。来一起庆祝生日。
윤아: 고마워. 조금만 기다려 줘. 빨리 갈게.
允儿：谢谢，请稍微等我一下，我尽量快点过去。

5~7.
흐엉: 정민아, 미안하지만 이번 주 주말 약속을 못 지킬 것 같아.
香：郑敏，对不起，很抱歉，我这个周末恐怕不能守约了。
정민: 흐엉아, 무슨 일이야?
郑敏：香，有什么事吗？
흐엉: 아버지께서 회사 일 때문에 갑자기 한국에 출장을 오시게 됐어. 아버지께서 한국에 처음 오시니까 내가 아버지를 도와 드려야 할 것 같아.
香：我爸爸因为公司的事情突然来韩国出差，爸爸是第一次来韩国，所以我可能要帮一下爸爸。
정민: 어쩔 수 없지 뭐. 아버지께서는 한국에 며칠 동안 계셔?
郑敏：那也没有办法，你爸爸在韩国待几天？
흐엉: 열흘쯤 계실 거야. 아버지께서 고향에 돌아가신 후에 만나자. 내가 다시 연락할게.
香：大概10天左右。爸爸回家乡后再见面吧。我再联系你。
정민: 그래, 그럼 시간 될 때 연락해라. 연락 기다릴게.
郑敏：好的，那有时间了再联系我吧。我等你联络。

• **读一读**

涛，你为什么不接电话？接我电话吧。
明天我们寄宿家庭的野餐取消了。因为主人大妈身体不舒服，所以去不了野餐了。
无聊的话联系我吧。一起去打篮球。
-隔壁哥哥-

胡安，是奶奶。我放了小菜走，好好吃吧。最近天气很热，鱼不快点吃的话马上就会坏，所以快点吃。
你知道姑妈的乔迁宴延期了吧？因为家里有点事，所以推到一个星期以后了。到时候见。我爱你。我的孙子。

埃里克，你好？我是世界贸易公司的金镇泰。我打了很多次打电话给你，但一直联系不上，所以给你短信。我因为有点急事，明天突然要去出差。请问星期二的约会可以推迟到三天后吗？真不好意思。看短信的话请联系我。

第十课 拜托

<1> 拜托朋友

学习目标：能理解拜托私事和受托的内容。

词汇

부탁을 하다 拜托，请求	부탁이 있다 有事拜托
부탁을 받다 受托	부탁을 들어주다 接受请求
입국 入境	고장 나다 出故障
서비스 센터 服务中心	그대로 依然，依旧
동양 东洋	문화 文化
적다 记(录)	설명 说明
걱정하다 担心	사이 之间

• **听一听**

1.
(1) 나 부탁이 있어. 이 문법을 잘 모르겠는데 좀 가르쳐 줄래?
我有一个请求，我不是很懂这个语法，你能教教我吗？
(2) 부탁 좀 해도 될까? 빨리 서류를 끝내야 하는데 시간이 없네. 좀 도와줄래?
可以拜托你一下吗？我需要快点完成文件，但是没有时间。你能帮我一下忙吗？
(3) 너무 말을 빨리 해서 못 들었어요. 천천히 말해 줄래요?
说得太快了，没听见。你能慢点儿说吗？
(4) 입국 날짜를 안 쓰셨어요. 날짜 좀 써 주실래요?
没有写入境日期。能写一下日期吗？

2.
(1) 가: 좀 추운데 에어컨을 잠깐 껐다가 켜도 될까?
甲：有点冷，空调关一会儿再开可以吗？
나: 그래, 다른 친구들도 추워하는 것 같아.
乙：嗯，好像其他朋友们也觉得很冷。
(2) 가: 다리가 좀 아픈데 10분만 쉬었다가 갈래?
甲：腿有点疼，休息10分钟再走吧？
나: 비가 올 것 같으니까 빨리 가자.
乙：好像要下雨，快点走吧。
(3) 가: 여보세요. 주앙아, 나 유키야. 나 급한 일이 생겨서 고향에 갔다가 올 건데 선생님께 말씀드려 줄래?
甲：喂，胡安，我是由希。我有点急事，要回趟老家，你能帮忙告诉老师一声吗？
나: 그래 내가 잘 말씀 드릴게.
乙：好的，我会好好告诉老师的。
(4) 가: 교실 공기가 좀 나쁘네. 창문 좀 열었다가 닫아도 될까?
甲：教室的空气有点不好。我可以开窗户吗？
나: 응. 그렇게 해.
乙：嗯，请那样做吧。

3~4.

에릭: 우진 씨, 부탁이 있는데 내일 노트북 좀 빌려줄래요? 회의할 때 써야 해서요.

埃里克：宇振，我有事拜托你一下。明天你能把笔记本电脑借我用一下吗？因为开会的时候要用。

우진: 에릭 씨도 노트북이 있는데 왜요? 고장 났어요?

宇振：你也有笔记本电脑，为什么？出故障了吗？

에릭: 잘 모르겠어요. 노트북이 좀 이상해서 서비스 센터에 갔다가 왔는데 그대로네요. 직원이 설명을 해줬는데 한국말로 빨리 말해서 이해하지 못했어요.

埃里克：不太清楚。笔记本电脑因为有点奇怪，去了一趟服务中心，依然是那样。职员说明给我听了，但是因为用韩语说得很快，所以没能理解。

우진: 그래요. 잘 쓰고 천천히 주세요.

宇振：好的，那慢慢用完给我吧。

5~7.

존: 윤아야, 미안한테 내 부탁 좀 들어줄래?

约翰：允儿，对不起，你能听我一个请求吗？

윤아: 존, 무슨 부탁이야? 어려운 부탁이 아니면 들어줄게.

允儿：约翰，是什么请求？如果不是很困难的请求，我会答应的。

존: 지난번 동양문화사 수업 때 교수님 말씀도 빠르고 칠판에 수업 내용을 썼다가 빨리 지우셔서 적지 못했어. 너무 어려워서 이해하지도 못했고. 시간 있으면 설명 좀 해 줄 수 있어? 공책도 빌려줬으면 좋겠다.

约翰：上次东洋文化史课上，教授的话说得也很快，在黑板上写的上课内容也很快就擦掉，所以我没有全部记完。因为太难所以都没有理解，如果你有时间的话可以帮我解释一下吗？如果可以的话，笔记本也能借我就好了。

윤아: 어떻게 하지? 나 그날 친한 친구가 고향에 돌아가는 날이어서 공항에 다녀왔어.

允儿：怎么办？那天正好是我好朋友回家乡的日子所以去了机场。

존: 그래서 그날 내가 널 찾아봤는데 없었구나. 그럼 하늘이한테 한번 물어봐야겠다.

约翰：所以那天我找了你，没找到你啊。那我去问一下天空吧。

윤아: 그게 좋겠다. 부탁을 들어주지 못해서 미안해.

允儿：那样好点。对不起，没能答应你的请求。

• **读一读**

你拜托过朋友吗？并且接受过别人的请求吗？大家怎么说呢？坐着坐着因为空调太冷，想换座位时怎么拜托才好呢？"不好意思，能帮我换一下座位吗?我有点冷。"，"你能听我一个请求吗？可以换一下座位吗?" 话虽简单，但向关系好的朋友拜托也很难。如果拜托了，朋友不答应的话，心情会很不好。人们真的只会担心，但是又不真的拜托，担心朋友不会答应。
好好说明一下的话，好朋友应该会听取大家的意见的。接受请求的人在情况较困难而无法答应的时候，对于说'不'也不要太为难。另外朋友不答应的时候，也别太不高兴。请不要因为朋友之间的请求而太累。

<2> **在办公室请求**

学习目标：能理解拜托陌生人或在公共机构请求的内容。

词汇

실례하다 打扰一下	저기 那个…
음 嗯…	어 嗯…
자 一来	저 那个…
아 啊	체크 카드 支票卡
신분증 身份证	글쎄요 这个嘛
연장하다 延长	
출입국 관리 사무소 出入境管理事务所	
서류 文件	재학 증명서 在校证明书
뵙다 拜见	퇴근하다 下班
신청 申请	지나가다 路过
음성 안내기 语音导游机	

• **听一听**

1.

(1) 저, 실례합니다만 이 선생님 좀 바꿔 주시겠어요?
不好意思，打扰一下，请问您能帮我换一下李老师吗？

(2) 미안합니다만 그날 다른 약속이 있어서요.
对不起，那天有别的约会。

(3) 저기, 죄송합니다만 관리비를 어떻게 내는지 좀 알려 주시겠어요?
不好意思，请问您能告诉我如何支付管理费吗？

(4) 감사합니다만 다음 역에서 내립니다.
谢谢，但是我下一站下车。

2.

가: 저, 유키 씨, 은행이 어디에 있는지 알아요?

甲：那个，由希，你知道银行在哪儿吗？

나: 학생회관 안에 있어요.

乙：在学生会馆里。

가: 아, 그렇군요. 체크 카드를 만들려고 하는데 뭐가 필요한지 알아요?

甲：啊，原来如此。我打算办支票卡，你知道需要什么吗？

나: 신분증이 필요해요.

乙：需要身份证。

가: 그럼 체크 카드를 만들 때 시간이 얼마나 걸리는지 알아요?

甲：那你知道办支票卡的时候需要花多长时间吗？

나: 글쎄요, 저도 안 만들어 봐서 잘 모르겠어요. 은행 직원에게 한번 물어 보세요.

乙：嗯…我也没办过，所以不太清楚。请向银行职员咨询一下。

가: 그런데 은행이 몇 시에 문을 닫는지 알아요?

甲：你知道银行几点关门吗？

나: 음, 요즘 몇 시에 문을 닫는지 잘 모르겠네요.

乙：嗯… 不知道最近几点关门。

3~4.

리타오: 저, 실례합니다만 비자를 연장하려고 하는데 출입국관리사무소가 어디에 있는지 아세요?

李涛：不好意思，打扰一下，我想延长签证，请问您知道出入境管理事务所在哪儿吗？

사무실 직원: 지하철 5호선 오목교역에서 내려서 한 20분쯤 걸어가면 됩니다. 지도를 보고 찾아가세요. 인터넷으로 예약하면 금방 끝나니까 미리 예약하세요. 필요한 서류는 모두 준비하셨습니까?
办公室职员：地铁5号线梧木桥站下，步行20分钟左右即可。请看着地图去。在网上预约的话，很快就能结束，所以请提前预约。需要的文件都准备好了吗?

리타오: 아, 재학 증명서가 없는데 한 장 부탁드립니다. 제 이름은 리타오입니다.
李涛：啊，没有在校证明书，拜托您给一张。我的名字叫李涛。

사무실 직원: 네, 잠시만 기다리세요.
办公室职员：嗯，请稍等一下。

5~7.

노라: 저기, 최 과장님을 뵈러 왔는데 자리가 어디인지 아세요? 어제 과장님과 전화한 학생입니다. 아르바이트 때문에 오늘 만날 약속을 했습니다.
诺拉：那个，我来拜见崔科长，请问您知道他的位子在哪儿吗? 我是昨天和科长通过电话的学生。 因为兼职的事情，约了今天见面。

사무실 직원: 최 과장님은 오늘 다른 회사에서 회의가 있어서 나가셨는데 거기에서 바로 퇴근하실 거예요.
办公室职员：崔科长今天在别的公司有会议，所以出去了，可能在那边直接下班。

노라: 아, 제가 너무 늦게 왔군요. 그럼 죄송합니다만 이 아르바이트 신청 서류 좀 과장님께 전해 주실 수 있으세요? 제가 내일은 수업 때문에 다시 올 수 없을 것 같아서요.
诺拉：啊，我来晚了。那不好意思，请问您能把这份兼职申请材料转交给科长吗? 我明天因为要上课，所以可能不能再过来了。

사무실 직원: 네, 서류는 저한테 주십시오. 여기에 성함과 전화번호를 남겨주시겠어요?
办公室职员：嗯，文件请给我。能给我留一下你的姓名和电话号码吗?

노라: 여기 있습니다. 좀 부탁드리겠습니다.
诺拉：给您，那拜托您了。

• 读一读

我来了韩国以后，第一次去了国立中央博物馆。4号线二村站下了以后，不知道往哪儿走，所以向路过的大叔问了路。
"那个，打扰一下，请问要去国立中央博物馆的话，您知道从几号出口出去吗?"
大叔亲切地告诉了我，所以很容易就找到了。国立中央博物馆没付钱，免费入场。参观博物馆的时候，我想好好听讲解，所以去租了外语语音导游机。
"不好意思，我想借用英语语音导游机，请问该怎么办?"
"可以用身份证和3000韩元借。"
一边听着语音导游机，一边慢慢地参观博物馆，既简单又很有趣。由希对韩国历史也很感兴趣，下次想带她一起去。下次去的时候，想申请导游的讲解，边听边参观。

第九课 - 第十课 复习

第九课 – 第十课 词汇

내다 提交	역시 (如预想的那样)果真
순서 顺序	끝내다 结束

I. 阅读以下内容，并回答问题。

11月5日 星期二 晴
我们报社突然发生了急事，从明天起要去日本出差三天。但是两天后学校有一个发表。
所以部长说要出差的时候我拜托了他。
"那个... 部长，不好意思，请问不可以派其他人去吗?"
部长没有答应我的请求。
"由希，我知道很辛苦，但是这次出差必须你去。"
这个时候不知道要怎么办才好。要更改学校的发表日期吗? 如果提交给老师我的出差文件的话，能改发表日期吗? 如果和朋友换发表日期的话没关系吗? 如果不能发表的话，需要重读2级吗?果然一边上班一边读书很辛苦。

II. 听对话回答问题。

유키: 저기… 노라야, 부탁이 있는데 들어줄 수 있니?
由希：那个...诺拉，我有一个请求，你能答应我吗?

노라: 어… 유키 언니, 부탁이 뭐예요?
诺拉：哦…由希姐，什么请求?

유키: 우리 신문사에 급한 일이 생겨서 사흘 동안 출장을 가게 됐어. 이틀 후가 내 발표 날인데 발표 순서 좀 바꿔 줄래?
由希：我们的报社出了点急事，所以我要去出差3天。但是两天后是我发表的日子，你能跟我换一下发表顺序吗?

노라: 글쎄요, 이틀 후면 너무 빠르네요.
诺拉：嗯.. 两天后的话，有些太快了。

유키: 갑자기 이런 부탁을 해서 정말 미안하다.
由希：真不好意思，突然拜托你这样的事情。

노라: 음, 알겠어요. 어쩔 수 없죠 뭐.
诺拉：嗯，知道了。那也没有办法。

유키: 정말 고마워. 출장 갔다가 와서 네가 보고 싶어한 영화 보여 줄게. 이번 주 토요일 저녁에 시간 있니? 그날 영화 보자.
由希：真的很感谢你，我出差回来后，请你看你想看的电影。这个星期六晚上有空吗? 那天看电影吧。

노라: 토요일 저녁이요? 네, 좋아요.
诺拉：星期六晚上吗? 嗯，好的。

유키: 진짜 고맙다. 토요일 저녁에 다른 약속하지 마라. 그날 보자.
由希：真的很感谢。不要在星期六晚上约其他的约会哦。那天见。

韩国的文化：有人气的约会场所

在首尔作为约会场所人气高的地方是哪儿? 在网上搜索最多的5大人气场所是弘大、江南站、狎鸥亭、林荫路、梨泰院。其中第一名弘大因美食餐厅、气氛好的咖啡厅、个性十足的服装店、有趣的酒吧和酒馆、多样的街头表演等深受年轻人们的喜爱。江南站、狎鸥亭洞、林荫路可以感受到干练的氛围，梨泰院是可以感受到各国多种多样的文化的地方。